2025年度版

広島県・広島市の
面接

過 去 問

協同教育研究会 編

協同出版

はじめに〜「過去問」シリーズ利用に際して〜

　教育を取り巻く環境は変化しつつあり，日本の公教育そのものも，教員免許更新制の廃止やGIGAスクール構想の実現などの改革が進められています。また，現行の学習指導要領では「主体的・対話的で深い学び」を実現するため，指導方法や指導体制の工夫改善により，「個に応じた指導」の充実を図るとともに，コンピュータや情報通信ネットワーク等の情報手段を活用するために必要な環境を整えることが示されています。

　一方で，いじめや体罰，不登校，暴力行為など，教育現場の問題もあいかわらず取り沙汰されており，教員に求められるスキルは，今後さらに高いものになっていくことが予想されます。

　本書の基本構成としては，面接試験の概要，過去数年間の面接試験の出題内容を掲載しています。各自治体や教科によって掲載年数をはじめ，面接試験対策や提出書類の書き方を掲載するなど，内容が異なります。

　また原則的には一般受験を対象としております。特別選考等については対応していない場合があります。なお，実際に出題された順番や構成を，編集の都合上，変更している場合があります。あらかじめご了承ください。

　みなさまが，この書籍を徹底的に活用し，教員採用試験の合格を勝ち取って，教壇に立っていただければ，それはわたくしたちにとって最上の喜びです。

協同教育研究会

C O N T E N T S

第1部 面接試験の概要 ………………………………………… **3**

第2部 広島県・広島市の
面接実施問題 …………… **7**

▼2024年度面接実施問題 …………………………………8

▼2023年度面接実施問題 …………………………………44

▼2022年度面接実施問題 …………………………………85

▼2021年度面接実施問題 …………………………………112

▼2020年度面接実施問題 …………………………………119

▼2019年度面接実施問題 …………………………………167

▼2018年度面接実施問題 …………………………………225

▼2017年度面接実施問題 …………………………………270

▼2016年度面接実施問題 …………………………………308

第1部

面接試験の概要

面接試験の概要

■ 面接試験の意義

　論作文における筆記試験では，教員として必要とされる一般教養，教職教養，専門教養などの知識やその理解の程度を評価している。また，論作文では，教師としての資質や表現力，実践力，意欲や教育観などをその内容から判断し評価している。それに対し，面接試験は，教師としての適性や使命感，実践的指導能力や職務遂行能力などを総合し，個人の人格とともに人物評価を行おうとするものである。

　教員という職業は，児童・生徒の前に立ち，模範となったり，指導したりする立場にある。そのため，教師自身の人間性は，児童・生徒の人間形成に大きな影響を与えるものである。そのため，特に教員採用においては，面接における人物評価は重視されるべき内容であり，最近ではより面接が重視されるようになってきている。

■ 面接試験とは

　面接試験は，すべての自治体の教員採用選考試験において実施されている。最近では，教育の在り方や教師の役割が厳しく見直され，教員採用の選考においても教育者としての資質や人柄，実践的指導力や社会的能力などを見るため，面接を重視するようになってきている。特に近年では，1次選考で面接試験を実施したり，1次，2次選考の両方で実施するところも多くなっている。

　面接の内容も，個人面接，集団面接，集団討議(グループ・ディスカッション)，模擬授業，場面指導といったように多様な方法で複数の面接試験を行い，受験者の能力，適性，人柄などを多面的に判断するようになってきている。

　最近では，全国的に集団討議(グループ・ディスカッション)や模擬授

業を実施するところが多くなり，人柄や態度だけでなく，教員としての社会的な能力の側面や実践的な指導能力についての評価を選考基準として重視するようになっている。内容も各自治体でそれぞれに工夫されていて，板書をさせたり，号令をかけさせたりと様々である。

　このように面接が重視されてきているにもかかわらず，筆記試験への対策には，十分な時間をかけていても，面接試験の準備となると数回の模擬面接を受ける程度の場合がまだ多いようである。

　面接で必要とされる知識は，十分な理解とともに，あらゆる現実場面において，その知識を活用できるようになっていることが要求される。知っているだけでなく，その知っていることを学校教育の現実場面において，どのようにして実践していけるのか，また，実際に言葉や行動で表現することができるのか，といったことが問われている。つまり，知識だけではなく，智恵と実践力が求められていると言える。

　なぜそのような傾向へと移ってきているのだろうか。それは，いまだ改善されない知識偏重の受験競争をはじめとして，不登校，校内暴力だけでなく，大麻，MDMA，覚醒剤等のドラッグや援助交際などの青少年非行の増加・悪質化に伴って，教育の重要性，教員の指導力・資質の向上が重大な関心となっているからである。

　今，教育現場には，頭でっかちのひ弱な教員は必要ない。このような複雑・多様化した困難な教育状況の中でも，情熱と信念を持ち，人間的な触れ合いと実践的な指導力によって，改善へと積極的に努力する教員が特に必要とされているのである。

■ 面接試験のねらい

　面接試験のねらいは，筆記試験ではわかりにくい人格的な側面を評価することにある。面接試験を実施する上で，特に重視される視点としては次のような項目が挙げられる。

① 人物の総合的評価　面接官が実際に受験者と対面することで，容姿，態度，言葉遣いなどをまとめて観察し，人物を総合的に評価することができる。これは面接官の直感や印象によるところが大きい

　が，教師は児童・生徒や保護者と全人的に接することから，相手に
　好印象を与えることは好ましい人間関係を築くために必要な能力と
　言える。
②　性格・適性の判断　面接官は，受験者の表情や応答態度などの観
　察から性格や教師としての適性を判断しようとする。実際には，短
　時間での面接のため，社会的に，また，人生の上でも豊かな経験を
　持った学校長や教育委員会の担当者などが面接官となっている。
③　志望動機・教職への意欲などの確認　志望動機や教職への意欲な
　どについては，論作文でも判断することもできるが，面接では質問
　による応答経過の観察によって，より明確に動機や熱意を知ろうと
　している。
④　コミュニケーション能力の観察　応答の中で，相手の意思の理解
　と自分の意思の伝達といったコミュニケーション能力の程度を観察
　する。中でも，質問への理解力，判断力，言語表現能力などは，教
　師として教育活動に不可欠な特性と言える。
⑤　協調性・指導性などの社会的能力(ソーシャル・スキル)の観察
　ソーシャル・スキルは，教師集団や地域社会との関わりや個別・集
　団の生徒指導において，教員として必要とされる特性の一つである。
　これらは，面接試験の中でも特に集団討議(グループ・ディスカッ
　ション)などによって観察・評価されている。
⑥　知識・教養の程度や教職レディネスを知る　筆記試験において基
　本的な知識・教養については評価されているが，面接試験において
　は，さらに質問を加えることによって受験者の知識・教養の程度を
　正確に知ろうとしている。また，具体的な教育課題への対策などか
　ら，教職への準備の程度としての教職レディネス(準備性)を知る。

第2部

広島県・広島市の
面接実施問題

2024年度　面接実施問題

◆実技試験(第2次選考)

▼中高英語・特支中高英語

【課題】

□英語による面接

〈主な評価項目〉

　質問に対して適切に応答することができる。

▼中高家庭・特支中高家庭

【課題1】

□調理

　次の表1・2を基に「青菜と卵のいためもの」「牛奶豆腐(牛乳寒天)」を調理し，盛り付け，提出しなさい。ただし，下の【条件】1～8を全て満たすこととします。

表1

調理名	材料		分量 (1人分)	備考欄
青菜と卵のいためもの	青菜		100 g	根元を切り落とし、5cm幅に切る。
	卵		1個	割りほぐし、調味料を加えて卵液をつくる。
	{	しょうゆ	1.5 g	計量
		砂糖	1.5 g	計量
		こしょう	少々	
	ごま油		6 g	計量
	塩		少々	

8

表2

調理名	材料	分量 （2人分）	備考欄
牛奶豆腐 （牛乳寒天）	寒天	1.6 g	
	水	80 g	計量
	砂糖	20 g	計量
	牛乳	80 g	計量
	シロップ { 砂糖 { 水	20 g 30 g	計量 計量

〈条件〉

1　制限時間は30分とし，使用した器具の片付けは制限時間内に行うものとする。

2　熱源は1人2口とする。

3　青菜と卵のいためものは一人分，牛奶豆腐は二人分を調理する。

4　材料は全て使用する。

5　材料の扱い方は，表1・2の備考欄に示したとおりとする。

6　表1・2の備考欄に「計量」と示された材料については，各自で計量する。

7　牛奶豆腐の調理・提出については，次のことに留意すること。

　①シロップは，水と砂糖を少し煮つめ，冷やす。

　②牛奶豆腐は，二人分を2つの容器を用いて提出する。

　③牛奶豆腐は，1〜1.5cm間隔のひし形になるように切れ目を入れた上で，シロップを入れて提出する。

8　生ごみは，制限時間終了後に監督者の点検を受けて捨てる。

【課題2】

□被服

　別紙資料の【完成図】を基に，ブックカバーを製作しなさい。ただし，次の【条件】1〜9を全て満たすこととします。なお，作業手順は問いません。

【条件】

1　材料は，次のものを使用する。

本体用布(40cm×18.5cm)2枚，リボン(幅1cm×40cm)，型紙(実物大)を印刷した用紙，平ひも(幅2cm×18.5cm)，縫い糸(ミシン)，手縫い糸，ボタン

2　型紙は配付された用紙を切り抜き，使用する。

3　型紙通りに布を裁断し，出来上がり線にルレットとチャコペーパーで印をつける。

4　裏布の表側に差し込み用の平ひもを縫い付ける。

5　図1のように，表布と裏布を中表に合わせて，折り山線側の端を縫う。

〈図1〉

　　※著作権保護の観点により，掲載いたしません。

6　図2のように，5で縫った端を7cm内側に折り込み，返し口を残して3辺の端を縫う。

〈図2〉

　　※著作権保護の観点により，掲載いたしません。

7　返し口を閉じるために，1辺のみ端から2mmの位置に端ミシンをかける。返し縫いは，1～1.5cm程度とする。

8　型紙で示した箇所にボタンとリボンを一緒に付ける。その際，糸は1本取りとし，ボタンに糸足を付けること。

9　糸の始末を行い，アイロンで仕上げをする。

【完成図】(表)

　　　　※著作権保護の観点により，掲載いたしません。

【完成図】(裏)

　　　　※著作権保護の観点により，掲載いたしません。

【完成図】使用時

　　　　※著作権保護の観点により，掲載いたしません。

〈主な評価項目〉

　用具の使用方法や調理及び制作の技術が適切である。

▼中学技術・特支中学技術

【課題1】

□次の条件を満たす作品を構想し，その構想を等角図で設計用紙にか
　くとともに，寸法記入法に従って寸法をかき入れなさい。なお，尺
　度は任意で設定し，設計用紙に書きなさい。また，受験番号と氏名
　も設計用紙に書きなさい。

〈条件〉

・準備された「げんのう」が4個収納できる作品を構想すること。

・安全性及び機能性に配慮した作品を構想すること。

・準備された材料と工具を用いること。

・完成した作品は木工室で使用することとする。

【課題2】

□課題1で構想した作品の構想意図を，安全性及び機能性を踏まえて
　解答用紙に書きなさい。

〈解答用紙〉

構想意図	

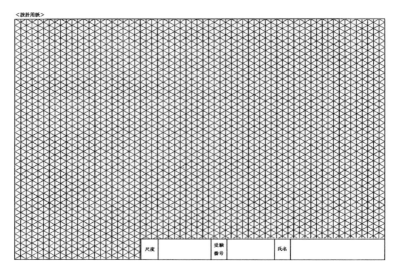

〈設計用紙〉

	尺度		受験番号		氏名	

【課題3】

□課題1で構想した作品を制作しなさい。

注意事項：準備されたもの以外は使用できないものとする。

〈主な評価項目〉

　工具や情報技術等を適切に活用することができる。

▼中高音楽・特支中高音楽

【課題1】

□視唱(コンコーネ50番から当日指示)

【課題2】

□筝による独奏

　「六段の調」(伝)八橋検校作曲より「初段」を演奏，楽譜は見てもよい。

【課題3】

□ピアノによる弾き歌い

　次の3曲の中から当日指示する1曲を演奏，楽譜は見てもよい。

(1)「荒城の月」　　土井晩翠作詞　滝廉太郎作曲

(2) 「夏の思い出」　　江間章子作詞　中田喜直作曲

(3) 「花」　　　　　　武島羽衣作詞　滝廉太郎作曲

〈主な評価項目〉

　基礎的な奏法を生かして，演奏することができる。

▼中高美術・特支中高美術

【課題1】

□次の1・2の制作上の条件に従って，「電車でのマナー向上」をテー
　マとしたポスターをデザインし，画用紙に表現しなさい。なお，受
　験番号と氏名を画用紙の裏側に書きなさい。

　1　画用紙に文字は入れない。

　2　水彩画用具，ポスターカラー又は水性アクリル絵具で着彩して
　　表現する。

【課題2】

□課題1で制作した作品の制作意図及び表現の工夫を解答用紙に書き
　なさい。

〈主な評価項目〉

　表現意図に応じた表現の工夫が効果的である。

▼中高保体・特支中高保体

【課題1】

□領域「器械運動」の「マット運動」

　ロングマットの端から，「倒立前転」，「側方倒立回転」，「伸膝後転」
の順に，技を連続して行いなさい。実技は1回とします。実技開始の
前に一度練習を行うことができます。

【課題2】

□領域「球技」の「ゴール型　バスケットボール」

　次の図の★1の位置からドリブルでスタートし，ゴールに対して右側
からレイアップシュートを行いなさい。その後，シュートしたボール
をキャッチして，ドリブルを行いながら，図の★2の位置に設置され

たカラーコーンをまわって，ゴールに対して左側からレイアップシュートを行いなさい。実技は1回とします。ドリブルが中断した場合は，中断した位置に戻り，その位置から続けてドリブルを行いなさい。

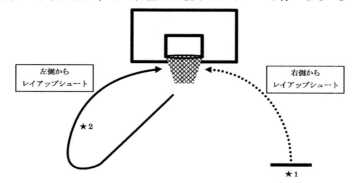

【課題3】

□領域「武道」の「剣道」及び「柔道」

1　「剣道」を行います。中段の構えから，前進後退の送り足で「上下振り」を連続して8回行いなさい。ただし，前進する際に1回，後退する際に1回，「上下振り」を行いなさい。実技は1回とします。実技開始の前に一度練習を行うことができます。

2　「柔道」を行います。

(1)　中腰で両腕を前に伸ばした姿勢から，「後ろ受け身」を4回行いなさい。実技は1回とします。実技開始の前に一度練習を行うことができます。

(2)　片膝つきの姿勢から，「前回り受け身」を左右交互に連続して，2回行いなさい。その際，左右のどちらからはじめても構いません。実技は1回とします。実技開始の前に一度練習を行うことができます。

【課題4】

□領域「ダンス」の「創作ダンス」

次の要領でダンスを創作しなさい。実技は1回とします。実技開始の前に50秒間練習を行うことができます。

〈要領〉

テーマ	波
実技時間	50秒間
動ける範囲	約25m²(縦約5m×横約5m)

〈主な評価項目〉

各種の運動の特性に応じた技能を身に付けている。

▼高校書道・特支高校書道

【課題1】

□資料1の書跡を臨書しなさい。用紙は，指定の半紙を縦向きに使い
なさい。落款は入れないものとします。受験番号と氏名は，鉛筆で
左下隅に書きなさい。

資料1

著作権保護の観点により、掲載いたしません。

始
建

(「高貞碑」による。)

【課題2】

□資料2の語句の中から1点を選んで創作しなさい。用紙は、指定の半
切(35cm×135cm)を使いなさい。用紙の向き、書体、書風は自由と
します。落款は、「卯山書印」、「卯山かく印」又は「印」とし、印は、赤色のペンで示しなさい。受験番号と氏名は、鉛筆で
左下隅に書きなさい。

資料2

魚遊水底涼

（宋・陳与義「夏日集葆真
池上以緑蔭生昼静賦詩得
静字」による。）

山家富貴銀千樹漁夫風流玉一蓑

（「槐安国語」による。）

草深み分け入りて訪ふ人もあれやふり行く宿の鈴虫の声

（西行「山家集」による。）

16

【課題3】

□資料3の手紙文を硬筆で書きなさい。用紙は，指定の便箋を使いなさい。筆記用具は，黒または青のボールペン，サインペン等の消せないものを使用することとします。受験番号と氏名は，鉛筆で左下隅に書きなさい。

資料3

拝啓　若葉が目にしみるころとなりました。先生にはお変わりなくお過ごしのことと存じます。さて、来る六月十日、私の通う高校では、三年ぶりの文化祭を公開で開催することになりました。今は、展示作品の制作に向けて懸命に取り組んでいます。高校で頑張っている姿と作品の成果をぜひ先生にご覧いただきたいと思い連絡いたしました。お忙しいとは思いますが、ご来校いただきますようお願いいたします。お会いできることを楽しみにしております。　時節柄、どうぞご自愛ください。　敬具

令和五年五月十二日　広島令子

山口成子先生

【課題4】

□資料4のことわざの中から1点選んで，生徒に「漢字仮名交じりの書」の作品を書かせることとします。参考作品として，同じことわざを使い，制作意図，表現効果の異なるものを生徒に示すこととします。縦書き作品1点，横書き作品1点の合計2点を書きなさい。用紙は，指定の半切(35cm×135cm)を$\frac{1}{2}$(35cm×67.5cm)に裁断して使いなさい。落款は，「辰湖かく 印 」又は「 印 」とし， 印 は，赤色のペンで示しなさい。受験番号と氏名は，鉛筆で左下隅に書きなさい。

　また，解答用紙に示す制作カードを記入して，生徒に配付することとします。縦書き作品，横書き作品それぞれについて，制作意図，表現効果，制作上の留意点を，それぞれ簡潔に書きなさい。

資料4

> 案ずるより産むが易し

> 備えあれば憂いなし

> 好きこそ物の上手なれ

〈解答用紙〉

制作カード	
縦書き作品	横書き作品
制作意図	制作意図
表現効果	表現効果
制作上の留意点	制作上の留意点

〈主な評価項目〉

文字の配置などの構成を考えて表現できる。

▼高校情報・特支高校情報

〈情報科実技試験について〉

・次の図は，情報科実技試験で使用するコンピュータのデスクトップ
上にあるフォルダとファイルの構成を示したものです。

・採点対象は「R6情報XXXXXX」フォルダ内にあるファイルです。
解答する際，このフォルダ内にあるファイルを使用し，上書き保存
しなさい。なお，XXXXXXは受験番号です。

・「R6資料」フォルダ内にあるファイルは各設問を解答する際に使用
することがあります。

・課題1について，使用するプログラミング言語はPythonとし，指定フ

ァイルをVisual Studio Codeで開き，プログラムを作成し，上書き保存しなさい。また，プログラムの作成途中に実行結果の確認を何度行ってもよいこととします。

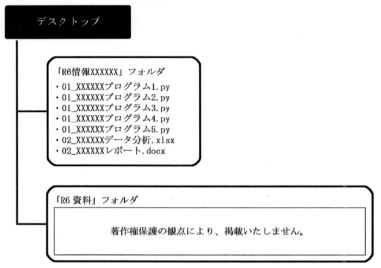

【課題1】

□次の1〜5に答えなさい。

1　HelloWorldを表示するプログラムを作成しなさい。なお，「01_XXXXXXプログラム1.py」ファイルを使用すること。

2　1〜6の整数をランダムで1つ取得し表示するプログラムを作成しなさい。なお，「01_XXXXXXプログラム2.py」ファイルを使用すること。

3　現在の貯金額を5,000円とします。プログラムを実行すると，金額を入力する指示が表示され，ユーザがキーボードから追加で貯金する金額を入力すると，貯金額の合計が表示されるプログラムを作成しなさい。なお，「01_XXXXXXプログラム3.py」ファイルを使用すること。

4　1〜5の整数を表示するプログラムをfor文で作成すると次のように

なりました。このプログラムと同じ実行結果になるプログラムを while文で作成しなさい。なお，「01_XXXXXXプログラム4.py」ファイルを使用すること。

```
for i in range(1,6,1):
    print(i)
```

5　2以上100未満の素数を全て表示するプログラムを作成しなさい。なお，「01_XXXXXXプログラム5.py」ファイルを使用すること。

【課題2】

□※著作権保護の観点により，掲載いたしません。

〈作成条件〉

- ・※著作権保護の観点により，掲載いたしません。
- ・「02_XXXXXX レポート.docx」ファイルは，あとの【レポート様式】に従って作成し，上書き保存すること。
- ・レポートは2ページ以内に収め，見やすく分かりやすいものになるよう全体の構成，配置を工夫すること。
- ・レポートには，データの分析結果を示すグラフを挿入すること。

【レポート様式】

受験番号　○○○○○
氏名　　　○○　○○

〈主な評価項目〉
情報技術を適切かつ効果的に活用することができる。

▼高校農業・特支高校農業
※それぞれの実技時間は5分間とする。
【課題1】
□ニンジンのたねまきを行うこととします。用意された3種類の種子の中からニンジンの種子を選択し，机上の育苗箱にたねまきをしなさい。ただし，机上に用意してある道具の中から，必要なものを選び使用することとします。なお，たねまきは，すじまきを行うこととし，この場でのかん水は行わないこととします。作業が終了したら，試験官に報告しなさい。

【課題2】

□果実の生育調査を行うこととします。果実の縦径と横径を測定しなさい。机上に用意してあるノギスを適切に用いて測定し，測定値を解答用紙に記入しなさい。作業が終了したら，試験官に報告しなさい。

〈解答用紙〉

問題番号	解答欄		
②	測定値	縦径	
		横径	

【課題3】

□培養器の閉栓を行うこととします。培地に無菌播種した培養器の閉栓をしなさい。ただし，机上に用意してある道具の中から，必要なものを選び使用することとします。なお，この場をクリーンベンチの中と仮定し，ガスバーナーは常に点火していることとします。作業が終了したら，試験官に報告しなさい。

【課題4】

□バターの製造を行うこととします。実技時間内で製造しなさい。ただし，机上に用意してある道具の中から，必要なものを選び使用することとします。なお，衛生服等への更衣はしないこととします。作業が終了したら，試験官に報告しなさい。

〈主な評価項目〉

　農業資材，器具等の使用方法は適切である。

▼高校工業(機械)

【課題1】

□次の図は，ある製品の正面及び右側面を示した投影図です。正面図に示すA－A断面はどのようになりますか。解答用紙にA－A断面図をかきなさい。その際，ハッチングもかきなさい。ただし，尺度は

　　　１：１とし，1マスは10mmとします。

〈図〉

※著作権保護の観点により，掲載いたしません。

【課題2】

□次の1・2に答えなさい。解答は準備されたCADソフトを使用して，指定されたファイルにそれぞれかきなさい。ただし，尺度は１：１とし，1マスは10mmとします。また，寸法はかかないこととします。なお，作業の途中及び作業終了後には，上書き保存を行うこととします。

1　次のねじ込み部の寸法が示す，ねじ穴の断面図はどのようになりますか。ファイル2−1を開き，レイヤ1に断面図をかきなさい。ただし，線の太さを区別してかきなさい。

　　　M16×20/φ14.1↓25

2　次の図は，ある製品を第三角法でかいたものです。この製品の等角図はどのようになりますか。図中の正面図，平面図及び右側面図を基に，ファイル2-2を開き，レイヤ2に等角図をかきなさい。

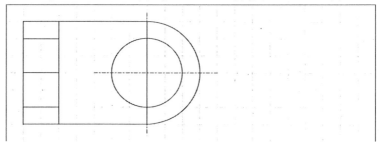

〈主な評価項目〉

　　機械，工具等の使用方法は適切である。

▼高校工業(電気)

【課題】

□次の図は，低圧屋内配線工事の配線図を示しています。あとの1・2に答えなさい。

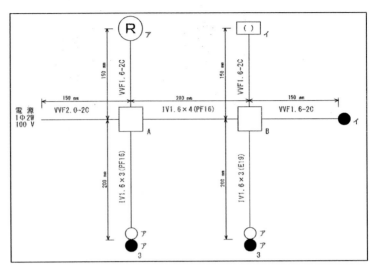

注1：図記号は，原則としてJIS C 0303：2000に準拠し，作業に直接
　　関係ない部分等は省略又は簡略化しています。
注2：Ⓡは，ランプレセプタクルを示しています。

1　図及び次の〈施工条件〉(1)～(6)を基に，解答用紙に複線図をかき
　なさい。

〈施工条件〉

(1)　配線及び器具の配置は，図に従って行うこととします。

(2)　埋込形スイッチ〔ア〕に付随したパイロットランプの点灯方式は，
　　ランプレセプタクルと異時点滅とします。また，最少電線条数とな
　　るようにすることとします。

(3)　アウトレットボックスは，打ち抜き済みの穴だけを全て使用する
　　こととします。

(4)　電線の色別(絶縁被覆の色)は，次の〈条件1〉(ア)～(エ)によるこ
　　ととします。

〈条件1〉

(ア)　100V回路の電源からの接地側電線には，全て白色を使用すること。

(イ)　100V回路の電源から点滅器までの非接地側電線には，全て黒色を使用すること。

(ウ)　次の①・②の器具の端子には，白色の電線を結線すること。
　　　①ランプレセプタクルの受金ねじ部の端子
　　　②引掛シーリングローゼットの接地側極端子(接地側表示)

(エ)　3路スイッチの0番端子には黒色の電線を使用すること。また，金属管及びPF管工事において，3路スイッチ間の専用配線は赤色の電線を使用すること。

(5)　図のアウトレットボックス部分を経由する電線は次の〈条件2〉によることとします。

〈条件2〉

接続箇所をできるだけ省略するため，スルー配線を行うこと。アウトレットボックス内は余長をとらなくてもよい。ただし，切断した場合は，次の接続方法により接続すること。

　　・Aのアウトレットボックス部分は，リングスリーブによる接続とする。

　　・Bのアウトレットボックス部分は，差込型コネクタによる接続とする。

(6)　ランプレセプタクルの台座及び引掛シーリングローゼットのケーブル引込口は欠かずに，下部(裏側)からケーブルを挿入することとします。

2　図を基に，準備された工具及び材料を使用し，1に示す〈施工条件〉に従って低圧屋内配線工事を完成させなさい。

〈主な評価項目〉

配線，器具の配置は適切である。

▼高校工業(土木)

【課題】

□下の図は，3つの測点A～Cの閉合トラバースを模式的に示したもの
です。準備された測量機器を使用して，次の<手順>(1)～(5)を基に，
3測点のトラバース測量を行いなさい。

〈手順〉

(1) 3つの測点A～Cの内角と各測点間の距離をそれぞれ測定し，解答
用紙の「表1　野帳」に書きなさい。なお，観測は，1対回で観測す
ることとします。

(2) (1)で得られたデータを基に，方位角を計算し，解答用紙の
「表2　方位角の計算書」に書きなさい。

(3) (1)で得られたデータを基に，平均距離を計算し，解答用紙の
「表3　平均距離の計算書」に書きなさい。

(4) (2)及び(3)で求めた計算結果を基に，合緯距・合経距を計算し，
解答用紙の「表4　合緯距・合経距の計算書」に書きなさい。

(5) (4)で求めた計算結果を基に，閉合誤差及び閉合比を計算し，解答
用紙の「表5　閉合誤差・閉合比の計算書」に書きなさい。

〈解答用紙〉

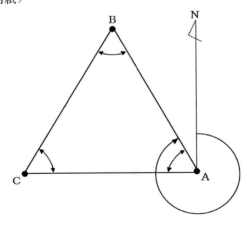

表1　野帳

測点	望遠鏡	視準点	観測角			測定距離〔m〕
A	正	N（北）				
		B				
A	正	C				
		B				
	反	B				
		C				
B	正	A				
		C				
	反	C				
		A				
C	正	B				
		A				
	反	A				
		B				

表2　方位角の計算書

測点	望遠鏡	視準点	観測角	測定角	平均角	調整量	調整角	方位角
A	正	N（北）						
		B						
A	正	C						AB
		B						
	反	B						
		C						
B	正	A						BC
		C						
	反	C						
		A						
C	正	B						CA
		A						
	反	A						
		B						
計								

28

表3 平均距離の計算書

測線	測定距離〔m〕	平均距離〔m〕
AB		
BC		
CA		
計		

表4 合緯距・合経距の計算書

測線	距離〔m〕	方位角	緯距L〔m〕	経距D〔m〕	測整量〔m〕緯距ΔL	測整量〔m〕経距ΔD	測整緯距L'〔m〕	調整経距D'〔m〕	測点	合緯距x〔m〕	合経距y〔m〕
AB									A	0.000	0.000
BC									B		
CA									C		
計											

表5 閉合誤差・閉合比の計算書

閉合誤差〔m〕	閉合比

〈主な評価項目〉

　器具等の使用方法は適切である。

▼高校工業(建築)・特支高校工業(建築)

【課題】

□次に示す〈仕様〉を踏まえ，あとの図1～図4を基に，準備された工
　具等を使用して，木材を加工し作品を完成させなさい。加工する木
　材は，A材100mm×100mm×600mm，B材100mm×100mm×500mm，
　C材100mm×100mm×300mmとします。

〈仕様〉

(1)　墨付け

・墨付けは，鉛筆を使用して行うこと。

・加工に必要な墨は全て残しておくこと。

・芯墨は鋼尺で墨付けをすること。

・各仕口部分の寸法は，あとの図2〜図4のとおりとする。

(2)　加工

・けびきは，墨付けの上から加工のために使用してもよい。また，芯出しの際に使用してもよい。

・インパクトドライバは，穴あけ作業で使用してもよい。

(3)　組立て

・加工した材料を組み立てる際に，材料の一部をたたいてつぶし接合しやすくすることはよいが，材料を水にぬらすことは禁止とする。

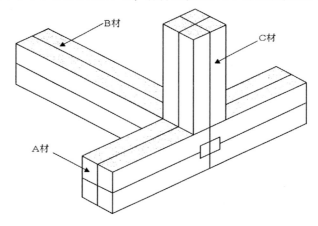

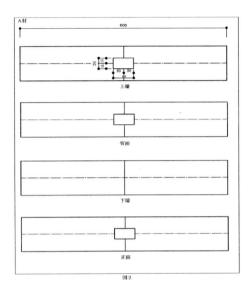

図2

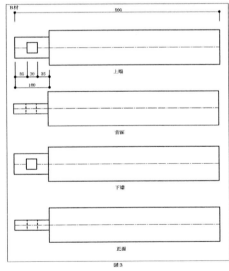

図3

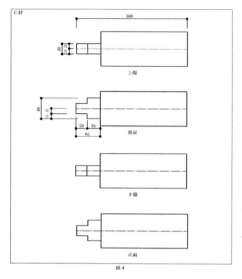

〈主な評価項目〉

　器具等の使用方法は適切である。

▼高校工業(化学工業)

【課題】

□塩酸の濃度標定を行いなさい。作業は，次の〈作業手順〉(1)〜(4)に
　従って滴定の操作を行い，その測定結果を解答用紙に書きなさい。
　その際，求め方も書きなさい。なお，濃度の単位はmol/Lとし，小
　数第4位を四捨五入した値を書きなさい。ただし，濃塩酸の濃度は
　12mol/L，原子量はH＝1.008，C＝12.011，O＝15.999，Na＝22.990と
　します。

〈作業手順〉

(1)　塩酸の濃度標定を行うため，〈作業手順〉(3)・(4)を参考にして，
　　必要な器具を準備しなさい。なお，器具は，指定された場所から持
　　っていくこと。また，薬品は各自の台に用意されたものを使用する
　　こと。

32

(2) 準備した器具を洗浄しなさい。ただし，ひょう量びんは洗浄しないものとします。

(3) 炭酸ナトリウムを秤量し，0.05mol/L 炭酸ナトリウム標準溶液を調製しなさい。その際，0.05mol/L 炭酸ナトリウム標準溶液の濃度を求めなさい。

(4) 0.1mol/L 塩酸を調製しなさい。また，作製した0.05mol/L 炭酸ナトリウム標準溶液を0.1mol/L 塩酸で3回滴定し，0.1mol/L 塩酸の濃度を求めなさい。

〈解答用紙〉

炭酸ナトリウム標準溶液の濃度

(計算式)
[mol/L]

塩酸の濃度

塩酸の滴定量 〔mL〕	1回目	2回目	3回目	平　均

(計算式)
[mol/L]

33

〈主な評価項目〉

　薬品や器具等の使用方法は適切である。

▼高校工業(インテリア)・特支高校工業(インテリア)

【課題】

□木工加工，インテリアに関する製図のうち当日指示する課題

〈主な評価項目〉

　器具等の使用方法は適切である。

▼高校商業

【課題1】

□会計について，次の1・2に答えなさい。

1　次の資料は，ある会社の財務状況について説明したものです。次の資料を基に，下の(1)〜(4)に答えなさい。

　※資料は，著作権保護の観点により，掲載いたしません。

　(1)　株価収益率(PER)は，いくらになりますか。求めなさい。ただし，計算過程で端数が生じた場合は，小数第2位未満を四捨五入することとします。

　(2)　株価純資産倍率(PBR)は，いくらになりますか。求めなさい。ただし，計算過程で端数が生じた場合は，小数第2位未満を四捨五入することとします。

　(3)　株価売上高倍率(PSR)は，いくらになりますか。求めなさい。ただし，計算過程で端数が生じた場合は，小数第2位未満を四捨五入することとします。

　(4)　株価キャッシュ・フロー倍率(PCFR)は，いくらになりますか。求めなさい。ただし，計算過程で端数が生じた場合は，小数第2位未満を四捨五入することとします。

2　次のア〜カのうち，損益計算書について述べた文として適切なものはどれですか。その記号を全て書きなさい。

　※資料は，著作権保護の観点により，掲載いたしません。

【課題2】

□次の資料は，A社の要約損益計算書を示したものです。A社は，来期に向けて下の(1)～(5)の経営改善策を検討していることとします。それぞれの経営改善策を行ったときに，A社の要約損益計算書のどの段階の利益に影響が出ますか。影響を受ける最初の利益を，A社の要約損益計算書の区分の前に付したア～エの中から選び，その記号を書きなさい。

※資料は，著作権保護の観点により，掲載いたしません。

(1) 余裕資金で，金融機関からの短期借入金の返済を繰り上げる。

(2) 当社が取り扱う商品が，他社の取り扱う同種商品より仕入価格が高いため，仕入先と交渉し値下げを依頼する。

(3) 業績の良い子会社の全株式を売却し，売却益を計上する。

(4) 派遣社員として雇用している事務員の数を減らすため，派遣契約を打ち切る。

(5) 売買目的有価証券の取引を積極的に行い，売却益を確保する。

【課題3】

□B社は，飲食業のチェーン展開を行っています。次の資料を基に，下の1・2に答えなさい。

※資料は，著作権保護の観点により，掲載いたしません。

1 (ア)の売上高売上総利益率は，いくらになりますか。求めなさい。ただし，％は小数点第2位を四捨五入し，小数第1位まで求めることとします。

2 (イ)～(エ)に当てはまる金額は，いくらになりますか。それぞれ求めなさい。ただし，金額は百万円未満を四捨五入し，整数で求めることとします。

【課題4】

□企業活動について，次の1・2に答えなさい。

1 次の資料を基に，C株式会社は，従業員Dの退職給付に関する表を作成することとします。従業員Dの退職給付に関する表について，○2年度の利息費用の金額は，いくらになりますか。求めなさい。

ただし，計算の最終で円未満を四捨五入することとします。

※資料は，著作権保護の観点により，掲載いたしません。

〔従業員Ｄの退職給付に関する表〕　　　　　　　　　　　　　　　　　　　　（単位：円）

	勤務費用	利息費用	期末退職給付債務
○1年度	（　　　　　　）	―	（　　　　　　）
○2年度	（　　　　　　）	（　　　　　　）	（　　　　　　）
○3年度	（　　　　　　）	（　　　　　　）	（　　　　　　）

2　次の資料を基に，当期末(○23年3月31日)の決算に際し，E社は，建物に減損の兆候が見られると判断し，「固定資産の減損に係る会計基準」にしたがって，減損損失の認識の判定及び測定を行うこととします。建物の回収可能価額は，いくらになりますか。求めなさい。なお，決算日は，毎年3月31日とします。ただし，計算の最終で円未満を四捨五入することとします。

※資料は，著作権保護の観点により，掲載いたしません。

【課題5】

□コンピュータシステムについて，次の1〜3に答えなさい。

1　10進数の78を16進数で表すとどのようになりますか。求めなさい。

2　128MBのUSBメモリに，400字詰め原稿用紙に書かれた日本語の文章を記録することとします。128MBのUSBメモリには，400字詰め原稿用紙の，およそ何枚分を記録できますか。次のア〜ウの中から選び，その記号を書きなさい。なお，日本語1文字は2Bのデータ量とし，1MB＝10^6Bとします。

ア　120,000枚

イ　160,000枚

ウ　240,000枚

3　次の図は，装置A，装置B及び装置Cが配置されているシステムを示しています。このシステムにおいて，システム全体の稼働率はいくらになりますか。求めなさい。ただし，装置A，装置B及び装置Cの稼働率は，いずれも0.8とします。

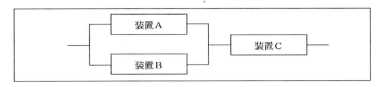

【課題6】

□情報技術について，あとの1・2に答えなさい。

1　次の表は，表計算ソフトを用いて受験者の合否判定を行っている
ものです。セルE2に計算式を入力し，これをセルE3〜E6に複写し
て表を完成させようとしています。セルE2に入力する計算式を書き
なさい。なお，試験1と試験2がともに80以上又は合計が170以上の
ときに，判定に「合格」と表示することとします。

	A	B	C	D	E
1	受験番号	試験1	試験2	合計	判定
2	1	80	85	165	合格
3	2	90	70	160	
4	3	80	90	170	合格
5	4	95	75	170	合格
6	5	70	60	130	

2　次の入力データのような社員別の自動車販売台数データを読み，
処理条件にしたがって，実行結果のように自動車販売台数の多い順
に順位を付けて表示させるアルゴリズムを流れ図に示すと，あとの
資料のようになります。資料の(1)〜(5)には，どのような内容が入
りますか。書きなさい。

〔入力データ〕

社員コード (Sco)	自動車販売台数 (Dsu)
×××	×××

〔実行結果〕

(社員コード)	(自動車販売台数)	(順位)
×××	×××	×
×××	×××	×
∫	∫	∫
×××	×××	×

〔処理条件〕

著作権保護の観点により，掲載いたしません。

〔資料〕

著作権保護の観点により，掲載いたしません。

〈主な評価項目〉

　会計知識及び情報技術を適切に活用することができる。

▼高校福祉・特支高校福祉

【課題】

□福祉科第2学年を対象とした科目「介護福祉基礎」において，手指消毒の校内実習を行うこととします。擦式消毒用アルコール製剤を使用した手指消毒の示範を次の1〜3の順に行いなさい。その際，試験官1名を生徒に見立てることとします。

1　標準予防策(スタンダード・プリコーション)について，生徒に説明しなさい。

2　自分の手指を示しながら，洗い残しやすい場所を説明しなさい。

3　主な留意事項を言葉で説明しながら，擦式消毒用アルコール製剤を使用した手指消毒を行いなさい。

〈主な評価項目〉

　介護技術が適切である。

▼養護教諭

【課題1】

□児童が，昼休憩時に鉄棒から落下し，頭頂部に傷を負いました。自分で歩いて保健室に来室することができ，意識は清明です。受傷部を確認すると，3cm程度の切創があり，出血が続いています。病院受診するまでに，この児童に対して，養護教諭としてどのような救急処置及び対応を行いますか。受傷部の処置については，ガーゼと三角巾を使用しなさい。実技の時間は3分間とします。

【課題2】

□あなたは養護教諭が複数配置されている学校に勤務しています。生徒が，休憩時間中に教室で嘔吐し，友人に連れられて保健室へ来ました。吐物をそのままにして来室したことが分かったため，嘔吐した生徒をもう一人の養護教諭に任せ，あなたは教室に行き必要な対

応を行うこととします。養護教諭として，吐物処理を含めどのよう
な対応を行いますか。ただし，使い捨てエプロン，手袋，マスク，
帽子を着用しているものとします。実技の時間は1分間とします。

〈主な評価項目〉

傷病に応じた処置が適切である。

◆模擬授業(第2次選考)

※当日提示する資料に沿って，学習指導案等を作成し，児童生徒を想
　定した授業若しくは場面指導を行った後，個人面接を実施

〈模擬授業面接について〉

・控室で，提示する資料に沿って学習指導案を作成する。机上には，
　受験票及び筆記用具以外のものは置くことはできない。

・模擬授業面接の問題と学習指導案用紙が配付された後，「始め」の
　合図により，30分間で学習指導案を作成する。

・作成後，作成した学習指導案と荷物を持って「指導案コピー場所」
　に移動し，学習指導案のコピー3部を受け取った後，各自で試験場
　に移動する。

・各試験場の前にはイスが置いてあり，面接委員から入室の合図があ
　るまで，イスに掛けて待機する。

・模擬授業面接は約40分間で実施する。

・試験場入室時，面接委員に「受験票」と「学習指導案のコピー(3部)」
　を渡す。

・授業で使用できるものは，学習指導案の原本と模擬授業試験の問題，
　教室に備え付けの黒板(チョーク)と定規類のみ。それ以外のものは，
　教卓等に置くことや使用することはできないため，すべてカバンの
　中に収めておくこと。

・面接委員の指示に従い，実際の場面を想定して，導入から授業を行
　う。

・面接委員3名は児童生徒と想定すること。児童生徒役の面接委員に

　　質問したり，発表させたりすることは可能であるが，机間巡視・机
　　間指導はしない。
・児童生徒役の面接委員が，児童生徒の立場で，適宜，質問や発言を
　する場合もある。
・授業を開始する際に「あなたを〇〇さんと呼びます。」等の状況設
　定は不要。開始の合図とともに授業を始める。
・模擬授業の終了時間になったら面接委員が終了の合図を行い，途中
　で打ち切り，そのまま個人面接を行う。
・試験終了後，面接委員に「学習指導案の原本」「模擬授業の問題」
　を提出し，「受験票」を受け取って速やかに試験会場から退出する。
〈評価項目〉
・児童生徒の考えを引き出す発問ができ，専門的な知識・技能など十
　分な指導力をもっている
・児童生徒を引き付ける表情，動作ができるなど表現力が豊かである
・児童生徒に共感的，受容的な対応ができる

▼中学社会　面接官3人　45分
【模擬授業課題】
□教科書のコピー提示(安土桃山，南蛮人との交易)
・集合後30分指導案作成，作成後冒頭の15分の授業実施。
【質問内容】
□この授業で工夫したところは。
□終結はどのように行うか。
□ICTを活用する場面あるか。
□教員の志望理由。
□特支免許の取得理由。
□いじめへの対応。

▼高校数学　面接官3人　40分
【模擬授業課題】

□数A，反復試行の確率

【質問内容】

□授業で工夫した点。

□数学を学ぶ意義。

□授業でICTを使うなら，どう使うか。

□数学が苦手な生徒に対してどう対応するか。

□探究活動の意義について。

□教員を目指したきっかけについて。

▼特支小学校　面接官3人　50分(指導案を書く時間30分)

【模擬授業課題】

□算数四捨五入について

・面接官3人を子どもとして模擬授業を行う。

【質問内容】

□実際に授業を行った感想は。

□この授業の中での主体的で対話的で深い学びの場面はどこ。

□同僚から自分の授業がよくないと言われたらどうするか。

□実際に学校現場で働いてみてやりがいは。

▼特支数学　面接官3人

【模擬授業課題】

□「1次関数」の導入

【質問内容】

□特別支援学校で困ったことは(過去の勤務歴があったので)等。

・最初に控室へ集合し，説明があった後，用紙が配布され，指導案を
記入する(20分前後)。

・記入した指導案をコピー機で3部とり，各試験場の教室へ案内され
る。

◆個人面接(第2次選考)

※個人面接を受験者1人につき1回実施

〈評価項目〉

・児童生徒に対する愛情，教育に対する熱意，意欲等をもっている

・自ら進んで事にあたり，より効果的に行おうとする意思がある

・組織の中で自己の役割を認識し，良好な人間関係を築くことができる

〈個人面接の概要〉

・各試験場の前にはイスが置いてあり，面接委員から入室の合図があるまで，イスに掛けて待機すること。

・面接試験場に入室したら，「受験票」と「アンケート用紙」を面接委員に渡す。

・個人面接の時間は25分間。

・試験終了後，面接委員から受験票を受け取り，速やかに試験会場から退出する。

▼中学社会　面接官3人　20分

【質問内容】

□自治体の志望理由。

□併願した理由。

□もし保護者にLINEで連絡したいと言われたらどうするか。

□学生時代に頑張ったことは。

□教員の不祥事についてどう思うか。

▼高校数学　面接官3人　20分

【質問内容】

□大学院に行く予定はあるか。

□県と市の希望はあるか。

□なぜ広島を受験したのか。地元は考えなかったのか。

□なぜ高校の数学か。

□特技はあるか。それを教員として活かせるか。
□ストレスを感じるのはどんなときか。
□不祥事で印象に残っているものとその対策について。

▼特支小学校　面接官2人　25分
【質問内容】
□緊張していますか。
□経歴，教員免許の確認。
□なぜ広島県を受けたのか(他県で働いていたため)。
□自己アピールについて。
□不祥事についてどう思うか，どうやったらなくなると思うか。
□特別支援の教員を目指した理由は。
□広島県，広島市の教育施策を踏まえてどのような教員になりたいか。
□あなたの考える「教員のやりがい」について。

▼特支数学　面接官2人　20分
【質問内容】
□広島県・広島市を受験した理由(他県からだったので)。
□広島県内に親戚で教員がいるか。
□公立学校と民間企業との違いは何か。
□長所と短所について。
□リフレッシュ方法について。

2023年度　面接実施問題

※今年度の主な変更点

　下記に記載の中学校教諭・特別支援学校教諭(中学部)，高等学校教諭・特別支援学校教諭(高等部)の一部の教科・科目及び養護教諭において，実技試験を実施。なお，小学校教諭・特別支援学校教諭(小学部)については，実技試験を行わない。

校種・職種	実施教科等
中学校教諭・特別支援学校教諭（中学部）	音楽，美術，保健体育，技術・家庭（技術，家庭），外国語（英語）
高等学校教諭・特別支援学校教諭（高等部）	保健体育，芸術（音楽，美術，書道），外国語（英語），家庭，情報，農業，工業（機械，電気，建築，土木，化学工学，インテリア），商業，看護，福祉
養護教諭	学校保健全般

◆実技試験(第2次選考)

▼中高英語・特支中高英語

【課題】

□英語による面接

〈主な評価項目〉

　質問に対して適切に応答することができる。

▼高校英語

【課題】

□Assesment(評価)に関する長文を黙読→音読→質疑応答

・面接官は，ネイティブスピーカー1人，日本人女性1人が担当。

・質疑応答は，長文の中に答えがあるもの3つと，自分の考えを述べるもの1つであった。また，教育に関する質問として，①「ALTと

team teachingする上で大切なことは。」，②「英語が話すことが苦手な子にどう対応するか。」，③「ICTをどう活用するか。」をされた。

▼中高家庭・特支中高家庭

【課題1】

□調理

　次の表1～3を基に「プレーンオムレツ」「湯むきトマト」「コンソメジュリェンヌ」を調理し，盛り付け，提出しなさい。ただし，下の〈条件〉1～6を全て満たすこととします。

表1

調理名	材料	分量 （1人分）	備考欄
プレーンオムレツ	卵	100 g	
	牛乳	20ml	計量
	塩	1 g	計量
	こしょう	少々	
	バター	8 g	
	サラダ油	少々	

表2

調理名	材料	分量	備考欄
湯むきトマト	トマト		湯むきしたトマトは切らずにそのまま提出する。

表3

調理名	材料	分量 （1人分）	備考欄
コンソメジュリエンヌ	スープストック	200ml	計量
	にんじん	15 g	3cm長さの細いせん切り
	セロリ	15 g	3cm長さの細いせん切り
	塩	2 g	計量
	こしょう	少々	

〈条件〉

1　制限時間は30分とし，使用した器具の片付けは制限時間内に行うものとする。

2　材料は全て使用する。

3　熱源は1人2口とする。

4　材料の扱い方は，表1〜3の備考欄に示したとおりとする。

5　表1・3の備考欄に「計量」と示された材料については，各自で計量する。

6　生ごみは，制限時間終了後に監督者の点検を受けて捨てる。

【課題2】

□被服

　次の〈完成図〉を基に，マスクを製作しなさい。ただし，下の〈条件〉1〜11を全て満たすこととします。なお，作業手順は問いません。

〈完成図〉

　　　　※著作権保護の観点により，掲載いたしません。

〈条件〉

1　材料は，次のものを使用する。
　・本体用布(34cm×16cm)1枚，ふち用布(10cm×5cm)2枚
　・マスク用ゴム(30cm)2本，縫い糸(ミシン)，しつけ糸

2　縫い代は全て1cmとする。

3　本体用布を中表に折り，端から1cmのところをミシンで縫う。

4　表に返し，縫い目は下にして，中央に4cm幅のプリーツをとり，裏面の折り目は中央になるように折る。

5　プリーツにアイロンをかけ，しつけ糸で仮縫いをしておく。

6　ふち用布を本体用布と中表に重ねて，ふち用布の上下は本体をくるむようにしてとめ，端から1cmのところをミシンで縫う。

7　縫い目で折り返し，アイロンで整える。

8　ふち用布の端を1cm折り，マスク用ゴムが通せるように本体用布に縫い付ける。

9　反対側も同じように，ふち用布をマスク用ゴムが通せるように本

体用布に縫い付ける。

10　両側にゴムを通す。ゴムの結び目は，表に出ないようにする。

11　プリーツの仮縫いのしつけ糸を取り除く。

〈主な評価項目〉

用具の使用方法や調理及び制作の技術が適切である。

▼中学技術・特支中学技術　試験官2人　受験者5人

【課題1】

□準備された部品と工具を用いて，次の図1に示す電子回路を完成さ
せなさい。ただし，発光ダイオード(Vf2.1 V， If30 mA)及び電池ボ
ックスは，下の図2に示す基板のA〜Cの位置にはんだづけをするこ
ととします。また，抵抗器については，準備された抵抗器の中から
最も適切なものを選択し，使用することとします。

注意事項：準備されたもの以外は使用できないものとする。

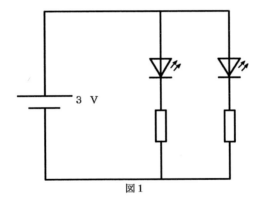

図1

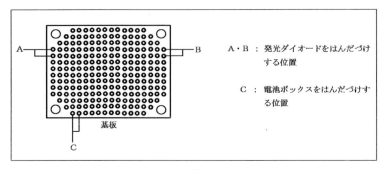

A・B ： 発光ダイオードをはんだづけ
　　　　する位置

C ： 電池ボックスをはんだづけす
　　　る位置

基板

図2

【課題2】

□準備された材料と工具を用いて，次の図に示す二枚組み接ぎを製作
　しなさい。なお，組み接ぎの部分には，くぎ接合を2箇所行うこと
　とします。

注意事項：準備されたもの以外は使用できないものとする。

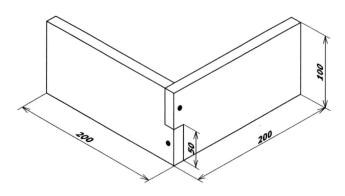

※単位は ㎜ とする。

〈主な評価項目〉

　工具の使用方法は適切である。

48

▼中高音楽・特支中高音楽

【課題1】

□視唱(コンコーネ50番から当日指示)

　(前半グループ)コンコーネ26番

　(後半グループ)コンコーネ32番

【課題2】

□箏による独奏

　「六段の調」(伝)八橋検校作曲より「初段」を演奏，楽譜は見てもよい。

【課題3】

□ピアノによる弾き歌い

　次の7曲の中から当日指示する1曲を演奏，楽譜は見てもよい。

　(1)「赤とんぼ」　　三木露風作詞　　山田耕筰作曲

　(2)「荒城の月」　　土井晩翠作詞　　滝廉太郎作曲

　(3)「早春賦」　　　吉丸一昌作詞　　中田章作曲

　(4)「夏の思い出」　江間章子作詞　　中田喜直作曲

　(5)「花」　　　　　武島羽衣作詞　　滝廉太郎作曲

　(6)「花の街」　　　江間章子作詞　　團伊玖磨作曲

　(7)「浜辺の歌」　　林古溪作詞　　　成田為三作曲

〈主な評価項目〉

　基礎的な奏法を生かして，演奏することができる。

▼中高美術・特支中高美術

【課題1】

□次の1・2の制作上の条件に従って，「動物園」のポスターをデザイ
　ンし，画用紙に表現しなさい。なお，受験番号と氏名を画用紙の裏
　側に書きなさい。

　1　画用紙に文字は入れない。

　2　水彩画用具，ポスターカラーで着彩して表現する。

【課題2】
□課題1で制作した作品の制作意図及び表現の工夫を解答用紙に書きなさい。

〈主な評価項目〉

表現意図に応じた表現の工夫が効果的である。

▼中高保体・特支中高保体

【課題1】

□領域「器械運動」の「マット運動」

ロングマットの端から、「倒立前転」、「側方倒立回転」、「後転倒立」の順に，技を連続して行いなさい。実技は1回とします。実技開始の前に一度練習を行うことができます。

【課題2】

□領域「球技」の「ネット型　バレーボール」

1　直上で，オーバーハンドパスを連続して20秒間行いなさい。ボールが頭上1m以上上がるように行いなさい。実技は1回とします。

2　直上で，アンダーハンドパスを連続して20秒間行いなさい。ボールが頭上1m以上上がるように行いなさい。実技は1回とします。

【課題3】

□領域「武道」の「剣道」及び「柔道」

1　「剣道」を行います。中段の構えから，前進後退の送り足で「上下振り」を連続して8回行いなさい。ただし，前進する際に1回，後退する際に1回，「上下振り」を行いなさい。実技は1回とします。実技開始の前に一度練習を行うことができます。

2　「柔道」を行います。蹲踞の姿勢から「横受け身」を左右交互に連続して4回行いなさい。その際，左右のどちらからはじめても構いません。実技は1回とします。実技開始の前に一度練習を行うことができます。

【課題4】

□領域「ダンス」の「創作ダンス」

次の要領でダンスを創作しなさい。実技は1回とします。実技開始の前に50秒間練習を行うことができます。

〈要領〉

テーマ	花
実技時間	50秒間
動ける範囲	約25㎡(縦約5m×横約5m)

〈主な評価項目〉

各種の運動の特性に応じた技能を身に付けている。

▼高校書道・特支高校書道

【課題1】

□資料1の書跡を臨書しなさい。用紙は，指定の半紙を縦向きに使いなさい。落款は入れないものとします。受験番号と氏名は，鉛筆で左下隅に書きなさい。

資料1

孝治要道

著作権保護の観点により，掲載いたしません。

(「孔子廟堂碑」による。)

【課題2】

□資料2の語句の中から1点を選んで創作しなさい。用紙は，指定の半切(35cm×135cm)を使いなさい。用紙の向き，書体，書風は自由とします。落款は，「朝子書印」，「朝子かく印」又は「印」とし，印は，赤色のペンで示しなさい。受験番号と氏名は，鉛筆で左下隅に書きなさい。

資料2

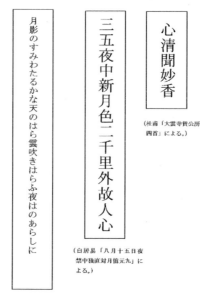

月影のすみわたるかな天のはら雲吹きはらふ夜はのあらしに

（「新古今和歌集」による。）

三五夜中新月色二千里外故人心

（白居易「八月十五日夜禁中独直対月憶元九」による。）

心清聞妙香

（杜甫「大雲寺賛公房四首」による。）

【課題3】

□資料3の書跡を臨書しなさい。用紙は，指定の寸松庵色紙を使いなさい。受験番号と氏名は，鉛筆で左下隅に書きなさい。

資料3

おく山にもみちふみわけなくしかのこゑきくときそあきはかなしき

著作権保護の観点により，掲載いたしません。

(「寸松庵色紙」による。)

【課題4】

□資料4の言葉を使って，生徒に「漢字仮名交じりの書」の作品を書かせることとします。生徒に示す参考作品A，B，Cの3点を書きなさい。参考作品A，B，Cの3点は，制作意図，表現効果の異なるものを制作しなさい。用紙は，指定の半切(35cm×135cm)を1／3(35cm×45cm)に裁断して使いなさい。用紙の向きは自由とします。落款は，「頼男かく印」又は「印」とし，印は，赤色のペンで示しなさい。作品A，B，Cの明記，受験番号と氏名は，鉛筆で左下隅に書きなさい。

(記入例：A　受験番号　氏名)

また，解答用紙に示す制作カードを記入して，生徒に配付することとします。制作意図，表現効果，制作上の留意点を，それぞれ簡潔

に記入しなさい。

資料4

さぁ！今こそ大空に向かって飛び出そう

〈解答用紙〉

制作カード		
作品Ａ	作品Ｂ	作品Ｃ
制作意図	制作意図	制作意図
表現効果	表現効果	表現効果
制作上の留意点	制作上の留意点	制作上の留意点

〈主な評価項目〉
　文字の配置などの構成を考えて表現できる。

▼高校情報・特支高校情報

〈情報科実技試験について〉

・次の図は，情報科実技試験で使用するコンピュータのデスクトップ
上にあるフォルダとファイルの構成を示したものです。採点対象は
「R5情報XXXXXX」フォルダ内にあるファイルです。解答する際，
「R5情報XXXXXX」フォルダ内にあるファイルを使用し，上書き保
存しなさい。なお，XXXXXXは受験番号です。

・「R5資料」フォルダ内にあるファイルは各設問を解答する際に使用
することがあります。

・課題1について，使用するプログラミング言語はPythonとし，指定フ
ァイルをVisual Studio Codeで開き，プログラムを作成し，上書き保
存することとします。また，プログラムの作成途中に実行結果の確
認を何度行ってもよいこととします。

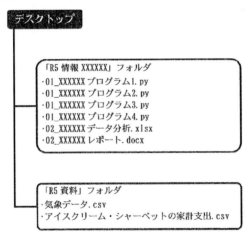

【課題1】

□次の1〜4に答えなさい。

1　二つの整数80，5を変数x，yにそれぞれ代入して，xとyの和・
差・積・商を計算して表示するプログラムを，「01_XXXXXX プ

　ログラム1.py」ファイルを使用して作成しなさい。

2　キーボードから「広島もみじ」を入力すると，「おはようござい
　ます。広島もみじさんお元気ですか？」と表示するプログラムを，
　「01_XXXXXX プログラム2.py」ファイルを使用して作成しなさ
　い。

3　5個の整数21，45，18，30，6を配列aに代入したのち，それらの
　合計と平均を計算して表示するプログラムを，「01_XXXXXX プ
　ログラム3.py」ファイルを使用して作成しなさい。

4　次のフローチャートは，くじを3回ひくアルゴリズムを示したも
　のです。このアルゴリズムについて，プログラムを
　「01_XXXXXX プログラム4.py」ファイルを使用して作成しなさ
　い。

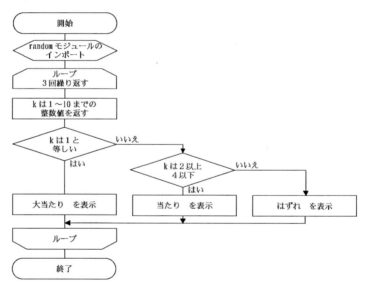

【課題2】

□「R5資料」フォルダ内には，「気象データ.csv」及び「アイスクリー

ム・シャーベットの家計支出.csv」ファイルが保存されています。「気象データ.csv」は，気象庁のホームページからダウンロードした広島市の気象データです。「アイスクリーム・シャーベットの家計支出.csv」は，e-Statからダウンロードした家計調査の全国データです。気象データとアイスクリーム・シャーベットの家計支出の相関について分析を行い，最も強い相関のある気象データを基に家計支出金額を予測するレポートを，次の作成条件を踏まえて作成しなさい。

〈作成条件〉

- 「02_XXXXXX データ分析.xlsx」ファイルは，「気象データ.csv」及び「アイスクーム・シャーベットの家計支出.csv」ファイルにあるデータを用いて，データを分析するために使用し，上書き保存することとします。
- 「02_XXXXXX レポート.docx」ファイルは，レポート様式にしたがって作成し，上書き保存することとします。
- レポートは2ページ以内に収め，見やすくわかりやすいものになるよう全体の構成，配置を工夫することとします。
- レポートには，データの分析結果を示すグラフを挿入することとします。

〈主な評価項目〉

情報技術を適切かつ効果的に活用することができる。

▼高校農業・特支高校農業

※それぞれの実技時間は4分間とする。

【課題1】

□補植用に育苗したスイートコーンの間引きを行うこととします。用意された3号ポリポットの苗の間引きを行い，1本立ちにしなさい。ただし，机上に用意してある道具は，何を使用してもよいこととします。作業が終了したら，試験官に報告してください。

【課題2】

□草花の鉢上げを行うこととします。草花のセル成型苗を3号ポリポットに鉢上げしなさい。ただし，机上に用意してある道具を全て使用することとします。また，この場での灌水は行わないこととします。作業が終了したら，試験官に報告してください。

【課題3】

□花粉の観察を行うこととします。花粉を観察するためのプレパラートを作成しなさい。ただし，机上に用意してある道具を全て使用することとします。作業が終了したら，試験官に報告してください。

【課題4】

□液体肥料の希釈を行うこととします。500倍に希釈した液体肥料を1000mL作成しなさい。ただし，机上に用意してある道具の中から，必要なものを選び使用することとします。作業が終了したら，試験官に報告してください。

【課題5】

□河川水のBOD(生物化学的酸素要求量)を測定することとします。用意された試料のBODを測定し，適切な標準色の上にサンプルを置きなさい。ただし，机上に用意してある道具の中から，必要なものを選び使用することとします。作業が終了したら，試験官に報告してください。

〈主な評価項目〉

農業資材，器具等の使用方法は適切である。

▼高校工業(機械)

【課題】

□次に示すメモホルダの設計図を基に，準備された工具等を使用して，真鍮材料を加工して完成させなさい。ただし，表面性状は問わないものとし，寸法公差は±0.3mm，指示のないRはすべてR1とします。

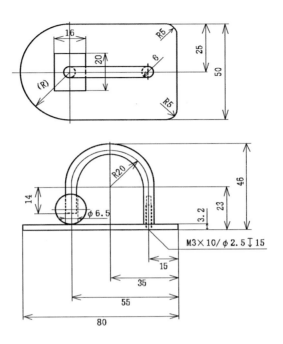

〈主な評価項目〉

　機械，工具等の使用方法は適切である。

▼高校工業(電気)

【課題1】

□次の図は，低圧屋内配線工事の配線図を示しています。図及びあと
　の〈施工条件〉(1)〜(3)を基に，解答用紙に複線図をかきなさい。

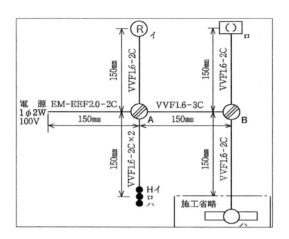

注1：図記号は，原則としてJIS C 0303 : 2000 に準拠し，作業に直接関係ない部分等は省略又は簡略化しています。

注2：®は，ランプレセプタクルを示しています。

〈施行条件〉

(1)　配線及び器具の配置は，図に従って行うこととします。

(2)　電線の色別指定(ケーブルの場合は絶縁被覆の色)は，次のア〜ウの条件によることとします。

　　ア　100V回路の電源からの接地側電線には，すべて白色を使用すること。

　　イ　100V回路の電源から点滅器までの非接地側電線には，すべて黒色を使用すること。

　　ウ　次の①・②の器具の端子には，白色の電線を結線すること。

　　　①　ランプレセプタクルの受金ねじ部の端子

　　　②　引掛シーリングローゼットの接続側極端子(Wと表示)

(3)　VVF用ジョイントボックス部分を経由する電線は，その部分で全て接続箇所を設け，電線接続はリングスリーブによる終端接続とします。

【課題2】

□次の1・2に答えなさい。

1　次の図1は，リレーシーケンスのタイムチャートを示し，図2は，
　制御機器端子接続図を示しています。図1・図2を基に，解答用紙に
　シーケンス図をかきなさい。

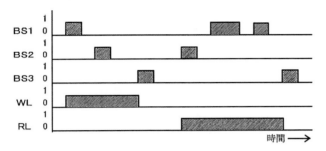

図1

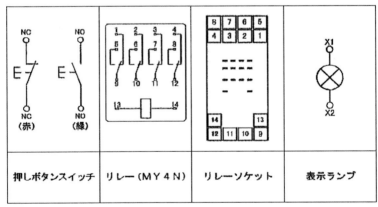

図2

2　図1を基に，準備された工具及び材料を使用して，制御盤に配線し
　なさい。

〈主な評価項目〉

　配線，器具の配置は適切である。

▼高校工業(土木)

【課題】

□下の図は，3つの測点A〜Cの閉合トラバースを模式的に示したもの
　です。準備された測量機器を使用して，次の〈手順〉(1)〜(5)を基
　に，3測点のトラバース測量を行いなさい。

〈手順〉

(1)　3つの測点A〜Cの内角と各測点間の距離をそれぞれ測定し，解答
　　用紙の「表1　野帳」に書きなさい。なお，観測は，1対回で観測す
　　ることとします。

(2)　(1)で得られたデータを基に，方位角を計算し，解答用紙の「表2
　　方位角の計算書」に書きなさい。

(3)　(1)で得られたデータを基に，平均距離を計算し，解答用紙の「表
　　3　平均距離の計算書」に書きなさい。

(4)　(2)及び(3)で求めた計算結果を基に，合緯距・合経距を計算し，
　　解答用紙の「表4合緯距・合経距の計算書」に書きなさい。

(5)　(4)で求めた計算結果を基に，閉合誤差及び閉合比を計算し，解答
　　用紙の「表5 閉合誤差・閉合比の計算書」に書きなさい。

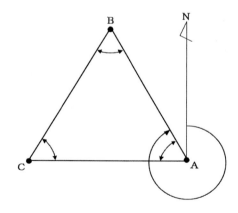

〈解答用紙〉

表1　野帳

測点	望遠鏡	視準点	観測角	測定距離〔m〕
A	正	N（北）		
		B		
A	正	C		
		B		
	反	B		
		C		
B	正	A		
		C		
	反	C		
		A		
C	正	B		
		A		
	反	A		
		B		

表2　方位角の計算書

測点	望遠鏡	視準点	観測角	測定角	平均角	調整量	調整角	方位角
A	正	N（北）						
		B						AB
A	正	C						
		B						
	反	B						
		C						
B	正	A						BC
		C						
	反	C						
		A						
C	正	B						CA
		A						
	反	A						
		B						
計								

表３　平均距離の計算書

測線	測定距離〔m〕	平均距離〔m〕
ＡＢ		
ＢＣ		
ＣＡ		
計		

表４　合緯距・合経距の計算書

測線	距離L〔m〕	方位角	緯距L〔m〕	経距D〔m〕	測距量〔m〕 緯距⊿L	測距量〔m〕 経距⊿D	調整緯距L'〔m〕	調整経距D'〔m〕	測点	合緯距x〔m〕	合経距y〔m〕
ＡＢ									A	0.000	0.000
ＢＣ									B		
ＣＡ									C		
計											

表５　閉合誤差・閉合比の計算書

閉合誤差〔m〕	閉合比
	————

〈主な評価項目〉

　　器具等の使用方法は適切である。

▼高校商業

【課題1】

□会計について，次の1・2に答えなさい。

　1　次の資料は，売上高の伸び率について説明したものです。下の

ア～エのうち，(a)・(b)の各文に対する正誤の組み合わせとして
適切なものはどれですか。その記号を書きなさい。

※資料は，著作権保護の観点により，掲載いたしません。

2　次のア～カのうち，資産の取得原価について述べた文として適
切なものはどれですか。その記号を全て書きなさい。

※資料は，著作権保護の観点により，掲載いたしません。

【課題2】

□次の資料は，A社の要約損益計算書を示したものです。下の1・2に
答えなさい。

※資料は，著作権保護の観点により，掲載いたしません。

1　次の(1)・(2)の財務比率はいくらですか。それぞれ求めなさい。
ただし，パーセントの小数第1位未満を四捨五入することとしま
す。なお，A社の自己資本は2,450(百万円)であることとします。

(1)　売上高販売費及び一般管理費率

(2)　自己資本利益率

2　次の(1)～(10)は，企業活動の情報について述べた文です。それ
ぞれの企業活動の情報は，A社の要約損益計算書のどの区分に含
まれますか。要約損益計算書の区分の前に付したア～キの中から
選び，その記号を書きなさい。ただし，同じ記号を2回以上使用
してもよいこととします。

※資料は，著作権保護の観点により，掲載いたしません。

【課題3】

□次の表は，A社，B社，C社の活動別キャッシュ・フローの組み合わ
せについて示したものです。下の1・2に答えなさい。

※表は，著作権保護の観点により，掲載いたしません。

【課題4】

□次の資料は，A社の当期の業績を示したものです。下の1・2に答え
なさい。

〈資料〉

1	販売単価	3,600円／個
2	当期の販売量	6,400個
3	年間固定費	5,400,000円
4	変動費	1,440円／個

1　損益分岐点における売上高はいくらですか。求めなさい。

2　当期の業績より販売単価を10％値上げした場合の予想営業利益は
　いくらですか。求めなさい。ただし，販売単価を値上げしたことに
　より，販売量は当期に比べて10％減少するものとします。

【課題5】

□コンピュータシステムについて，あとの1〜3に答えなさい。

1　次の資料は，ハードディスクの仕様を示したものです。下の(1)〜
　(3)に答えなさい。

〈資料〉

<ハードディスクの仕様>	
1パック当たりのシリンダ数	4000
1シリンダ当たりのトラック数	30
1トラック当たりのセクタ数	40
1セクタ当たりのバイト数	512バイト
<各装置の処理時間>	
位置決め時間(平均シーク時間)	15ミリ秒
ディスクの回転速度	3000回転／1分間
1レコードのデータ転送時間	10ミリ秒

(1)　1パック当たりのハードディスクに記録できる容量は何GBです
　　か。求めなさい。(計算の最終で小数第2位未満四捨五入)

(2)　1レコード1000バイトのレコードを記憶すると，何レコード記
　　憶できますか。求めなさい。

(3)　1レコードのアクセス時間は何ミリ秒ですか。求めなさい。

2　同一性能のプリンタが2台あり，パソコンからの出力は空いている
　プリンタで自動的に印刷されることとします。プリンタの使用率を
　平均50％以下にしておくためには，接続するパソコンを何台までに
　抑える必要がありますか。次のア～エの中から選び，その記号を書
　きなさい。なお，パソコン1台当たりの印刷量は1時間に平均50ペー
　ジであり，プリンタの印刷速度は1分間に40ページであることとし
　ます。また，パソコンとプリンタ間のデータ転送時間や，プリンタ
　装置におけるオーバヘッドは考慮しないものとします。

　　ア　12　　イ　24　　ウ　36　　エ　48

3　次の表は，アプリケーションソフトA～Dを各評価項目によって評
　価したものです。下の資料に示したソフトウェアの選択基準によっ
　て選ばれるものは，下のア～エのうちどれですか。その記号を書き
　なさい。

評価項目	項目の重み	A	B	C	D
価　　　格	3	3	3	2	4
サ ー ビ ス	2	2	3	3	3
信　頼　性	5	4	2	3	3
性　　　能	4	3	4	4	4
保　守　性	5	3	3	3	2

〈資料〉

▼表の見方
(1)　項目の重みには，評価項目の重要度に対応して5段階評価で
　点数を与えてある。
(2)　各ソフトウェアには，評価項目ごとに5段階評価で点数を与
　えてある。
▼ソフトウェアの選択基準
　　各ソフトウェアの評価項目ごとの点数と，その項目の重みを
　かけ合わせ，ソフトウェアごとに合計点を計算する。そのうち
　の合計点が最も高いソフトウェアを選択する。

　　ア　A　　イ　B　　ウ　C　　エ　D

【課題6】
□情報技術について，あとの1〜3に答えなさい。

1　次の表は，表計算ソフトを用いて会社あ〜おの分析を行っている
　ものです。セルG2に計算式を入力し，これをセルG3〜G6に複写し
　て表を完成させようとしています。下のア〜エのうち，セルG1に入
　れる表題として適切なものはどれですか。その記号を書きなさい。

	A	B	C	D	E	F	G
1	会社名	売上高	営業利益	経常利益	資本	負債	
2	あ	2,000	42	30	1,200	580	=B2/(E2+F2)
3	い	3,000	80	40	800	1,720	
4	う	1,400	26	18	600	800	
5	え	1,200	22	12	520	700	
6	お	1,600	28	14	660	1,000	

　ア　自己資本比率　　イ　総資本回転率
　ウ　売上総利益率　　エ　損益分岐点売上高

2　次の表は，表計算ソフトを用いて数値の計算を行っているもので
　す。下のア〜エのうち，この表をCSV形式で出力した場合の値はど
　れですか。その記号を書きなさい。なお，レコード間の区切りは改
　行コード"CR"を使用し，セル内の計算式は自動的に再計算されて，
　計算結果が出力されるものとします。また，行3と列Cには入力され
　た計算式が記述されていますが，実際の画面には計算結果が表示さ
　れるものとします。

	A	B	C
1	4	14	=A1+B2
2	12	8	=A2+B1
3	=A1+A2	=B1+B2	=C2+B3

　ア　4，12，16CR14，8，22CR18，22，40CR
　イ　4，12，16CR14，8，22CR12，26，48CR
　ウ　4，14，18CR12，8，20CR16，22，38CR
　エ　4，14，12CR12，8，26CR16，22，48CR

3　ある認証システムでは，虹彩認証とパスワード認証を併用してい

ることとします。次の資料に示す認証手順に従う場合，この認証システムの特徴として適切なものは，下のア～エのうちどれですか。その記号を書きなさい。

　　　※資料は，著作権保護の観点により，掲載いたしません。

【課題7】

□システム開発について，次の1・2に答えなさい。

1　ある企業では，来期に製品A，B，C，Dのいずれか一つを市場に投入することを検討していることとします。次の表は，市況ごとの各製品の予想売上高を示しています。来期の市況で，好況の確率は60％，不況の確率は40％と予想される場合，この市場から得られる最大の売上期待値をもたらす製品は，下のア～エのうちどれですか。その記号を書きなさい。

市況	製品A	製品B	製品C	製品D
好況	24	36	40	20
不況	20	16	12	24

ア　製品A　　イ　製品B　　ウ　製品C　　エ　製品D

2　ある企業では，次の表に基づいて新システムの開発を計画していることとします。このシステムのTCO(Total Cost of Ownership)は何千円ですか。下のア～エの中から選び，その記号を書きなさい。なお，このシステムは開発された後，3年間使用されるものとします。

項目	費用（千円）
ハードウェア導入費用	60,000
システム開発費用	70,000
導入教育費用	7,000
ネットワーク通信費用／年	2,500
システム保守費用／年	8,000
システム運営費用／年	6,000

ア　49,500　　イ　137,000　　ウ　153,500　　エ　186,500

〈主な評価項目〉

　会計知識及び情報技術を適切に活用することができる。

▼高校福祉・特支高校福祉

【課題】

□福祉科第1学年を対象とした科目「生活支援技術」において，杖歩行の介助の校内実習を行い，生徒に対して示範を行うこととします。

1　次の設定のサービス利用者の示範を行いなさい。

〈設定〉

・右片麻痺がある
・T字杖を使用している
・三動作歩行で移動している

2　1のサービス利用者に対する介助者の示範を行いなさい。その際，介助者としての主な留意事項を言葉で説明しながら行いなさい。

〈主な評価項目〉

介護技術が適切である。

▼高校看護

【課題】

□衛生看護科第2学年を対象とした科目「基礎看護」において，脈拍測定及び血圧測定の校内実習を行うこととします。血圧測定用シミュレータを使用した脈拍測定及び聴診法による血圧測定の示範を，次の1〜3の順に行いなさい。その際，試験官1名を生徒に見立てることとします。

1　自分の身体を示しながら，脈拍の観察部位7か所を説明しなさい。

2　主な留意事項を言葉で説明しながら，血圧測定用シミュレータを用いて脈拍測定を行いなさい。

3　主な留意事項を言葉で説明しながら，血圧測定用シミュレータを用いて聴診法による血圧測定を行いなさい。

〈主な評価項目〉

看護技術が適切である。

▼養護教諭

【課題】

□昼休憩時に，不調を訴えた児童が教員に連れられて保健室に来室しました。この児童は食物アレルギーがあるため，アドレナリン自己注射薬を保健室で預かっています。全身状態を確認すると，呼吸が荒く，目や唇の周りが赤く腫れあがり，意識ももうろうとしています。この児童に対して，養護教諭としてどのような救急処置を行いますか。保健室に来室した児童を座らせてから，救急処置が終了するまでを実演しなさい。実技の時間は3分間とします。

〈主な評価項目〉

傷病に応じた処置が適切である。

▼養護教諭

【課題】

□食物アレルギーのある児童のアナフィラキシー対応

・ロールプレイ(課題文の黙読1分＋実技3分)

・児童役は人形

・他教職員役として男性1人

・試験官女性2人

・会場内備品としてAED，毛布，エピペン，膿盆など

◆模擬授業(第2次選考)　面接官3人　40分

※当日提示する資料に沿って，学習指導案等を作成し，児童生徒を想定した授業若しくは場面指導を行った後，個人面接を実施。

〈評価項目〉

・児童生徒の考えを引き出す発問ができ，専門的な知識・技能など十分な指導力をもっている。

・児童生徒を引き付ける表情，動作ができるなど表現力が豊かである。

・児童生徒に共感的，受容的な対応ができる。

▼小学校

【模擬授業課題】

□6年 「比例」

・砂糖と小麦でケーキを作る。砂糖と小麦が2：5の割合で，砂糖が40グラムのとき，小麦は何グラムか。

・30分で指導案を作成する。

【質問内容】

□今後の展開と工夫したところは。

□基礎基本が定着していない児童がクラスにたくさんいたらどうするか。

　→基礎基本が定着していない児童がたくさんいるクラスで，今日やった以外の導入(前時の振り返り)にどんな案があるか。

□自分の考えを持っていても上手に表現することができない児童がいたらどうするか。

□ICTのメリットは。

　→ICTをどう授業に取り入れるか。

□どんな学級を作りたいか。

　→その学級を作るためにどんなことをしたいか。

□支援を必要とする児童への対応はどうするか。

　→支援を必要とする児童への対応の際，うまくいかないこともあると思うが，その時どうするか。

□保護者はどんな先生を求めているか。

　→なぜそう思うか。

□小学校の先生になりたい理由は。

□学び続けるために今やっていることは。

□学校では教師間連携が求められているが，どのように連携するか。

　→コミュニケーションはどう取るか。

　→コミュニケーションで一番大切なことは。

□クラスの子どもたちにどんな先生と言われたいか。

▼小学校

【模擬授業課題】

□6年生　比の計算

【質問内容】

□この授業に関して，どういう思いで授業を構想したか。

□おしゃべりをしたり，立ち歩くなど授業に集中できない子どもが6年生になると増えてくるが，あなたはどう対応するか。

□あなたが授業を行う上で大切にしていることは何か。

□めあてに「比を表す数の関係に気づき」とあるが，どういうことか。

　→同じくめあてに「比の計算ができるようになる」とあるが，どういうことか。

□この後の授業における個人・グループワークで行いたかったことなど，その後の授業の構想は。

　→個人・グループワークにおいて白紙のままの子もいると思うが，そういう子にはどう対応するか。

□現在の生徒指導の課題はなにか。

　→その問題が起こる前にどのような行動をとるか。

　→これらの問題が起こったと思われるとき，どんな行動をとるか。

　→いじめなどの加害者と思われる生徒にはどのように接していくか。

□志望動機について。

□教員の魅力とは。

□チーム学校の重要性が言われているが，あなた自身はどう行動するか。

　→他の先生方とのコミュニケーションを取る上で気をつけたいことは何か。

□学校に保護者からクレームがきたらどう対応するか。

・はじめに教科書のコピーが配られる。左側のページは例題，右側のページにはいくつか練習問題が載っていた。

・全ての範囲をやりきるなどの指示はない。

・指導案が配られ，控え室にて30分間で記入する。

・目標(めあて)は自身で設定する。

・チョーク(白や赤，黄があった)と定規は使用可能。

▼小学校

【模擬授業課題】

□小6 算数　「比」

・ケーキを作るのに砂糖と小麦粉の割合が2：5で，砂糖が40グラムのときの小麦粉の重さは。

【質問内容】

□今後の授業のねらいと展開は。

　→展開の部分はどんな活動をするか。

□週末は何をしているか。

□ICTを使うことに対してどう思うか。

　→他にどんな考え方が出ると思うか。

□私語をする児童にはどう対応するか。

□学習意欲を出すためにどうするか。

□勉強が楽しいと思ったきっかけはあるか。

□主体的対話的活動についてどう思うか。

□学級経営で大切にしたいことは。

□保護者にはどう対応していきたいか。

　→他にはあるか。

□地域，教員同士，保護者との連携でどれか1つを選び，それが大切な理由を述べよ。

□教員になりたいと思ったきっかけは。

□他者を傷つける児童に対してどう対応するか。

・模擬授業では手を挙げてくれる試験官もいれば，挙げてくれない試験官もいたため，発表者が偏らないように指名の仕方を工夫する必要があると感じた。

▼小学校

【模擬授業課題】

□6年算数 「比」

・運動場のコートの比が5：3で，横が12mだったときの縦の長さは。

【質問内容】

□授業の工夫点，ねらいについて。

□どういう力を身につけさせたいか。

□ICT機器を使うならどこか。

□基礎学力がない子にどんな指導をするか。

　→達成感のある授業とは。

□主体的対話的で深い学びをどのように実践していくか。

□規範意識を身につけさせるためには。

□いじめの対応について。

□生徒指導上の課題について。

▼中学国語

【模擬授業課題】

□中学3年　古典(漢文)

【質問内容】

□模擬授業で特に重要なところはどこか。

□授業の中で生徒の興味をひくためにはどうするか。

□学校でICTを使うことの利点と問題点は何か。

□現在の学校における問題は何か。

□どのような教員だと思われたいか。

□学校と地域の関係を強くするために何をするか。

・指導案作成(30分)，模擬授業(15分)，面接(25分)

・指導案の項目は，学習活動，指導上の留意点，評価

・感染症対策で机間巡視はできなかったが，板書や指名などはできた。

▼中学技術

【模擬授業課題】

□エネルギー変換の技術に関する内容

【質問内容】

□模擬授業の自己評価。

□ICT活用について。

□不登校の生徒の親への対応方法について。

□教員はブラックといわれていることに対してどう考えるか。

□不祥事を起こさないためにはどうしたらよいか。

□教員になって一番意識していきたいことは。

・面接前に教科書の見開き1ページ分の資料が配布され，それをもとに30分間で指導案の作成等を行った。その後，作成した指導案をコピーした後，模擬授業を行った。

・Aさん，Bさん，Cさん(3人とも試験官)と名前がつけられていて，その名前をもとに質問などを行った。生徒役の人はなかなか意見を言わないようにしていた。

▼高校英語

【模擬授業課題】

□Self driving carの文章について

【質問内容】

□あなたはどこが先生に向いていると思うか。

□高校特有の課題は。

□導入を10分英語で行うとあるが，英語が苦手な生徒はどうするか。

□内容理解が全体を通しての目標だったのか。

・まず指導案を15分で書き，その後各部屋に行き授業をする。

▼養護教諭

【模擬授業課題】

□中学2年「ストレスの対処方法について」

【質問内容】

□授業をやってみて点数をつけるとしたら100点満点でどのくらいか。
　→その理由(悪かった点，良かったと思う点もそれぞれ)は。

□どんなことに注意して授業を行ったか。

□生徒に伝えたかったかのはどんなことか。

□授業の中で工夫した点はあるか。

□養護教諭としてT1の立場で授業を行ったが，この授業ではT2の担任にはどのような役割を求めるか。

□保健室にたまりがちな子どもにどのように対応するか。

□現在の学校現場での健康・安全上の問題はどんなことがあるか。
　→(上記の質問について)コロナに関連すること以外には何かあるか。

□3つの資格を取得できる課程に進んでいるが，そのなかでも学校現場を目指した理由は。

□ストレス解消方法は何かあるか。

□ボランティアについて。

□「安心できる存在」を目指すとアンケートに記載があるが，教室に行き渋りがある子に対してどのような声かけを行うか。

□今の学校現場における課題は何だと思うか，またそれに対しどのように対応していくか。

▼養護教諭

【模擬授業課題】

□中学1年「ストレスへの対処の方法」

・生徒役は面接官で，導入部分のみ行う。

・指導案の流れに逆らうような発言もあった。

・授業後の面接では，その後の展開などをきかれた。

▼栄養教諭

【模擬授業課題】

□2年生活科「野菜の苗を植えよう」

【質問内容】

□模擬授業の構成，ねらい，工夫したところは。

□この後の授業の展開は。

□栄養教諭が入るのはどの時間か。

□授業に入る際に気をつけたいことは。

□授業中落ち着かない児童や私語をする児童がいた場合，どう対応するか。

□野菜が苦手な児童が多いと思うが，どう声をかけるか。

□保護者に対して，どのように食育の理解を得ていくか。

□この授業を終えた後，児童がどのような姿であるとよいか。

□栄養教諭の役割は。

　→栄養教諭がいる学校といない学校で差が出ると思うが，そのことについてどう思うか。

□広島の教育課題は。

□残食ゼロの取り組みに対してあなたはどう思うか。

　→残食ゼロの取り組みを行うと，食べられない児童が嫌な思いをするのではないか。

□給食提供で気をつけることは。

□食育をする上で気をつけることは。

・授業形式はTTで，栄養教諭が主に指導する場面の指導案を作成。

・学習指導案作成は30分間。

◆個人面接(第2次選考)　時間25分　面接官2人

※個人面接を受験者1人につき1回実施

〈評価項目〉

・児童生徒に対する愛情，教育に対する熱意，意欲等をもっている。

・自ら進んで事にあたり，より効果的に行おうとする意思がある。

・組織の中で自己の役割を認識し，良好な人間関係を築くことができる。

▼小学校
【質問内容】
□昨日は眠れたか。
□面接練習は行ったか。
　→友達との面接練習において，あなたはほめるタイプか，改善点を
　　たくさん伝えるタイプか。
□ほめるところが見つからない児童にはどう対応するか。
□子どもの良さはどう見つけるか。
□1日に全員分の日記を見ることは大変だと思うが，どうやって日記
　を見ていくか。
□教育施策を踏まえて，広島県を志望する理由は。
□学位の取得見込みについて。
□大学院には行くか。
□個別最適な学びが必要だと思う理由。
□特技は。
　→特技を現場でどう活かせるか。
□願書に書いていた高校の時に取った賞について。
　→書道は自分の意志で始めたのか。
　→高校の部活で書道もしながら，習い事でも書道をしていた理由は。
□実習は楽しみか。
　→実習は何％くらい楽しみか。
　→20％の不安の理由。
　→その理由を解消するために取り組んでいることはあるか。
□広島県の知っている不祥事。
□不祥事はなぜいけないのか。
□学校で不祥事をゼロにするために何ができるか。
□新しいことにも挑戦できるか。
□ストレスには強いか。
□これまで大きな病気をしたことあるか。

▼小学校

【質問内容】

□免許取得状況について。

□取得している資格について。

□なぜ小学校教員なのか。

□コミュニケーション能力はどの程度か。

□強みをどう学校組織で活かすか。

□教員の不祥事で印象に残っているものは。また，なぜ印象的か。

□教育実習はいつで，どうだったか。

　　→生徒との関わりで感じたこと。

　　→指導教諭からのアドバイス，ほめられたことは。

□部活の経験について。

□弱みは何か。

▼小学校

【質問内容】

□広島市の教員を志望した理由。

□初めは中学校だったのに，なぜ小学校志望になったか。

□特別支援学校の免許をとった理由。

□長所について(人の主体性を引き出せると答えた)。

　　→主体性を引き出したエピソードについて。

　　→主体性を引き出す力は教員になった際，どんなことに使えるのか。

□子どもが主役になるクラスを作るためには具体的に何をするか。

□実習で大変だったこと(1度に40人を見る責任が重く大変だった，と
　答えた)。

　　→1対40で生徒を見るためにはどんなことをしたらいいか。

□不祥事で特に印象に残っているもの。

　　→不祥事が起こる原因について。

□あなたは普段どんなキャラクターか。

　　→いつからそういうキャラか。

□コミュニケーションを取るのはなぜ大事なのか。

　→教員間のコミュニティはなぜ必要なのか。

▼小学校

【質問内容】

□取得免許について。

　→大変だったか。

　→免許は全て取り切れそうか。

□広島県を志望した理由。

　→両親に何を言われたか。

□部活動について。

□強み，弱みについて。

　→弱みのエピソード。

□教育実習は何年生を担当したか。

　→教育実習で印象に残っていることは。

□ボランティアについて。

□広島の大学に進学した理由。

□4月から教員になる上で，自分に足りないものはあるか。

▼中学国語

【質問内容】

□校種を選んだ理由は何か。

□教育実習で学んだことは何か。

□教育実習での一番の思い出は何か。

□部活動で学んだことは何か。

□経験のない部活動の顧問を頼まれたらどうするか。

□教員の長時間労働についてどう考えるか。

□1分間で自己アピール。

・アピールシートに書いた内容についても問われた。

・多くのジャンルのことよりも，一つの内容について詳しく聞かれる

　　　場面が多かった。

▼中学技術
【質問内容】
□教員を目指す理由(これまでのエピソード，きっかけ)。
□なぜ広島を選んだのか。
□広島の教育目標は。
□卒業研究について。
□なぜ技術をしようと思ったのか。
□学級経営で特に大切にしたいことは。
　　→それはなぜか。
□教員の不祥事についてどう思うか。
□働き方改革についてどう思うか。
□同僚とどのような関係を築いていきたいか。

▼高校英語
【質問内容】
□部活について。
□高校時代の留学経験について。
□なぜ高校志望か。
□県と市どちらを希望か。
□大学でのインターンシップ経験について。
□留学生寮でのサポーター経験について。

▼養護教諭
【質問内容】
□養護教諭を志望する理由は。
□願書では県と市の希望を「市」に選択しているが，面接シートでは
　「どちらでもよい」に変更しているのはなぜか。
□保健師の実習はどんな機関で行ったのか。

□3つの資格を取得する課程に進んでいるが，その中で学校を選んだ理由はなにか。

□志望校種の順番について，なぜ小学校が第一希望なのか。

→「健康に生活する力を身につけるための基礎に携わりたい」のならば，高校でも社会に出る前の総復習として関わることができると思うが，それでも小・中の志望順位が高いのはなぜか。

□単位の取得状況は大丈夫か。

□教育実習は何回行ったか，またどの校種に行ったか。

□教育実習で何か授業は行ったか。

□実習校の養護教諭は，保健室での職務以外に何か仕事を担っていたか。その中で印象に残っていること，学びは何か。

□ボランティア活動について。

□最近教員の不祥事が話題になっているが，印象に残っているものはあるか。

□不祥事をなくすには何が必要だと思うか。

□あなた自身は初対面の人とも良い関係をすぐに築ける人か。

▼養護教諭

【質問内容】

□志望理由。

□特技やボランティア活動をふまえた自己PR。

□養護教諭に必要な力とは。

□合格したら赴任までの間，何をするか。

□校種の希望順とその理由。

▼栄養教諭

【質問内容】

□取得見込の資格は。

□残りの単位は。

□他県を受験しているか。

□他に企業や病院等への就活をしているか。

□今年不合格だった場合，どうするか。

　　→臨採はなかなか採用が少ないが，どうしようと考えているか。

□出願時の資料では「県と市のどちらでもよい」となっているが，今はどうか。

　　→県と市のそれぞれに対して，特徴や違いなどを知っているか。

　　→県と市のどちらかといえば，どちらがよいか。

□中，高時代の部活動の担当楽器は。

　　→部活動で得たことはあるか。

□特別支援学校で個別的な指導を行いたいか，それとも小中学校でセンターや自校給食をやっていくのがいいか，どちらかといえばどちらがやりたいか。

□(アンケートを読んで)どんな地場産物を使って，どんな献立を提供してみたいか。

□好き嫌いや偏食の子どもへどう指導するか。

□食の授業を行う上で気をつけることは。

□(出願時の書類に記載している自己アピールについて)ボランティアはどういうものか。

□教員として必要な資質，能力とは何か，3つあげよ。

□自分のアピールできるところと短所は。その短所に対してどうしているか。

□ストレスがたまることはあるか。そのときはどうしているか。

□調理員の人たちとどう接するか。

□小・中学校のどちらが希望か。

□親や知り合いに教員はいるか。

□県採用になると，地元とは限らないが大丈夫か。

2022年度　面接実施問題

※今年度の主な変更点

・全職種・校種・教科(科目)でグループワーク・実技試験を行わない。

・養護教諭を含む全職種・校種・教科(科目)の第2次選考試験で，模擬授業と面接を合わせた模擬授業面接を実施する。模擬授業終了後そのまま同じ試験場で，模擬授業の内容等への質問も含めた面接を行う。

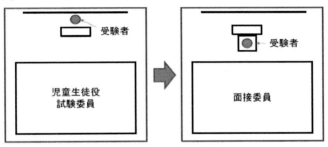

◆模擬授業(第2次選考)　面接官3人　模擬授業12〜15分，面接25〜30分程度

※当日提示する資料に沿って，学習指導案等を作成し，児童生徒を想定した授業若しくは場面指導を行った後，個人面接を実施。

〈評価項目〉

・児童生徒の考えを引き出す発問ができ，専門的な知識・技能など十分な指導力をもっている。

・児童生徒を引き付ける表情，動作ができるなど表現力が豊かである。

・児童生徒に共感的，受容的な対応ができる。

▼小学校

【模擬授業課題】

□6年生　算数　起こり得る場合

・30分で指導案作成。

【質問内容】

□模擬授業をしてみてどうだったか。

□授業のねらいと工夫。

□評価はどうするか。

□学力差にどう対応するか。

□志望理由。

□教員になる上で楽しみなこと，不安なこと。

□小学校の生徒指導上の課題は何か。

□それにどう対応するか。

□どのような学級をつくりたいか。

□小学校の外国語教育についてどう考えるか。

・コロナウイルス対策のため机間指導が禁止されていた。

▼小学校

【模擬授業課題】

　小6　算数　場合の数(何通りあるか考える)

【質問内容】

□校種，学年，教科。

□今後の授業展開。

□教科書通りでなく，児童の興味関心に合わせた題材を扱うなら，他にどんな導入があるか。

□発問，それに対する児童の反応。

□授業の改善点と改善方法。

□大声，立ち歩きへの対応，具体的な言葉掛け。

□いじめへの対応はどうするか。

□いじめを生まない風土づくりに対して取り組みたいこと。

□どんなクラスにしたいか。

□多様性を認めるためには。

□どんな教師でありたいか。

□学び続けるとは具体的にどんなことをするのか。

□これまで見てきた中で印象的だった授業や学校はあるか。

□自分の強みについて，具体的に説明しなさい。

・試験官は男性3人(優しい，優しい，無表情)。

・新型コロナウイルス感染拡大のため，机間巡視禁止。

▼小学校

【模擬授業課題】

□算数6年　4人の人が順番に発表する時の並び方は何通りあるか。

※指導案30分，模擬授業13分程度

・問題行動→下敷きをランドセルに忘れた。

・説明が足りないところは挙手で質問してくれた。

・当てたら答えてくれた。

・1人だけ授業最後まで一言も喋らなかった(挙手なし，指名もしなかった)。

【質問内容】

□模擬授業で○○した理由は。

　　→追質問された。

□この授業のねらい，工夫，つけたい力は。

□何人を想定していたか。

□授業の指摘を受けたらどうするか。

□(グループワークのときに)もしわからない子がいるとすると，どうやって気づくようにするか。

□ペアワーク，グループワークは実際は何分でやるか。

□(指導案にヒントカードとかいていたので)これって何，内容は，というのを何度も聞かれた。

□自力解決は何のためにやるのか。

□(まとめに「図や表を使って考える」と書いていたので)表とは何か
　と聞かれた。

□どんなところが教師に向いているか。

　→観察力と答えたら，具体的なエピソードはと聞かれた。

□はじめての懇談会で保護者に向けて挨拶しなさい。

　→目標を話すと，どうしてその目標なのかと聞かれた。

□けん玉(特技として大会成績を書いていたため)について述べなさい。

□教師になってどう活かせるか。

□今までで1番苦しかったことは。

□好きな教科，教えるのが得意な教科。

　→それはなぜか。

□うちの子には体罰してもいいといわれたらどうするか(保護者もして
　いる前提で)。

　→それでもやめなかったら，と何度も聞かれた。

□中学受験させたいから宿題を減らして欲しいと保護者に言われたら
　どうするか。

□保護者からうちの子がいじめられていると相談を受けたらどうする
　か。

・感染拡大防止のため，机間巡視は禁止。

・模擬授業終了の面接は20分くらい(指導案や黒板を見ながら話しても
　よかった)。

・終始，やりやすい雰囲気だった。

・1人の面接官は声が小さくて何を言っているのか聞こえにくかった。
　他の2人は，ニコニコしながら頷きながら聞いてくれた。本音を話
　すと笑ってくれたりもした。

・面接官の違う他の受験者に聞くと，「模擬授業中はずっと無視され
　た」「何でこんなことをしないといけないのか」と言われたと話し
　ていて，やりにくかったようだった。

▼小学校

・コロナ禍ということもあり，机間巡視はしてはいけなかった。

・問題行動などもなく，授業をするだけだった。

・模擬授業後，3人の面接官の内の1人が，模擬授業についての質問をし，残りの2人から模擬授業とは関係のない面接があった。模擬授業15分，面接25分。

▼小学校

【模擬授業課題】

□算数　第6学年　場合の数

・コロナのため，机間指導が禁止になった。机間指導以外でのアピールの仕方を考えておく。

▼小学校

【模擬授業課題】

□A，B，C，Dさん4人のリレー選手がいます。走る順番は全部で何通りありますか。

・授業13分，面接22分。

・机間指導はコロナのため禁止。

・試験官が児童役(無口，分からない，真面目な児童)。

・当てると発表や音読をしてくれる。また分からない児童役もいた。

・10：10集合，10：20説明開始(10分)，10：31〜11：01指導案を書く。(30分)

・配布物は，問題，2人の考え方，まとめが書かれたプリント。

・指導案を3部コピーしてもらいコピーを試験官へ渡す。

・白，赤，黄チョーク，定規があり指導案を見ながら行える。

▼小学校

【模擬授業課題】

□算数「場合の数」

※指導案作成(30分)→模擬授業(15分)→面接(25分)

・大学では国語と予想していたので，算数の練習はしていなかった。当日は焦ったが，落ち着いて自分なりの授業をすればできる。

・全員大人しい，発言はまばら。

・Aさん(女性)：大人しい。

・Bさん(男性)：大人しい，だれも発表しなかったらしてくれた。

・Cさん(男性)：大人しい，途中外を見ていた。

・板書を写していないが「書けていますか」と聞いたら「はい」と答えてくれた。

・面接では，指導案を見ることはできない。

・Aさん→Bさん→Cさんの順で，1巡目に模擬授業のこと，2巡目に模擬授業以外のことについて聞かれた。

・(入ってすぐ)受験番号，名前，校種，学年，単元，どのようなクラスを想定して行うか聞かれた。

【質問内容】

□どのような展開で，どこを工夫したか，また本時の目標は何か。

□今回の授業で考えられる児童のつまずき。

　→どう対処するか。

□樹形図で書いていない児童(表や絵)がいたら，どのように評価するか

□主体的・対話的で深い学びを，今回の授業のどの部分に盛り込んだか。

□(自己アピール用紙にICTを書いたら)今回の授業でどのようにICTを盛り込むか。協働学習(ペア，グループ)でどのように活用するか。

□(自己アピール用紙に「情報機器の有効性はたくさんあるが，アナログのよさや体験活動も大切にしたい」と書いていたら)アナログや体験活動をどのようにするのか具体的に述べよ。

□(指導案にめあてを児童の言葉から設定すると書いていたら)とてもよいことだと思うが，的外れなめあてになったらどうするか。

□(指導案にペア学習を多く書いていたら)ペア学習をする意図。

□(指導案最後の練習問題をオリジナルにしていたら)どのような問題か。

□意見を発表しない子への手立て。

□心を開いてくれず信用してくれない児童へ,どのように対応するか。

□商業高校出身で他の職種が色々あったと思うが,教師を目指したきっかけ。

□目指す教師像。

□自分の強み(積極性,チャレンジ精神)を教育現場のどこで活かしていくか。

□子どもが好きな理由。

□広島県で注目されている,個別最適な学びをどのように実行したいか。

□イエナプラン教育をしたい理由。

　→(イエナプラン教育をしたいと答えたら)取り入れていない学校にどのように呼びかけるか。

▼小学校

【模擬授業課題】

□算数6年生「場合の数」

・10〜15分ほど授業→そのまま面接(残り30分ほど)

【質問内容】

□模擬授業の工夫点。

□評価方法。

□今後の展開。

□生徒指導。

□キャリア教育。

□自己アピール。

・コロナウイルス対策のため,机間指導が全くできない。

▼中学社会

・30分で指導案作成→コピーを取って会場へ。

・コロナウイルスの影響で机間巡視が禁止だった。

・模擬授業終了後，約25分面接が行われた。

▼中学英語

・授業時間は約15分。教科書の見開き1ページのコピーを渡され，与えられた時間で1時間分の指導案を書く。

・面接官3人を生徒役として模擬授業を行う。1人「自分は英語苦手なので分かりません」と答える生徒役がいた。

・板書に「本時のめあて」と「授業の流れ」を書くとよい。

・模擬授業の後，50分の授業展開など模擬授業や書いた指導案についての質問をされた。

・その後の時間は教科指導や保護者対応について質問された。教科についての質問が多かった。

▼中学英語

【模擬授業課題】

□動名詞の文法導入　I like playing the sax.　Playing sax is difficult.

・30分考え，15分で模擬授業を行う。

・試験官は3人。

・話を振ったら答えてくれるが，基本的には無表情で真剣に評価している。

・リピートはしてくれる。

▼中学家庭

【模擬授業課題】

□環境に配慮して布を用いた製品を作ろう。

・指導案作成30分。

・模擬授業中は机間指導なし，問題行動なし，生徒役の面接官に質問

し，発言させることは可能。

【質問内容】

□授業のねらい，教科に関すること。

□生徒指導，B評価をつける基準。

□教師の魅力。

▼中学技術

・指導案作成(30分)→模擬授業(15分)→個人面接(25分)

・模擬授業では，明るく元気よく，が一番大切。

・その後の面接では，模擬授業に関すること(よかった点，悪かった点，反省点など)の他に教育実習や今の学校現場での問題や大学を卒業するまでに取り組むことに関しても質問された。

▼中学保体

【模擬授業課題】

□「スポーツの文化的意義」(体育理論)

・30分で授業案を作って指導案作成して，見ながら15分間導入の授業，その後授業について，人柄，学校での場面指導を面接。

【質問内容】

□授業で身に付けさせたいことは何か。

□そのための手立てはあるか。

□運動が嫌いな子に対しては，どうするか。

□長所と短所。

□ICTを活用するなら，どんな授業があるか。

□生徒指導で気を付けたいことは。

・指導案を速く書く練習と，こだわったところ，何を身に付けさせたいか意識して授業を考える練習がよいと思う。

・黒板に向かって話さない。

▼高校国語

【模擬授業課題】

□高2　国語　表現「統計資料を用いて小論文(800字)を書く」

・控室で30分で1時間分の指導案を書く。

・参考書と類題のコピーが1枚配られた。

・指導案が書けたら別室に行き，冒頭15分の模擬授業を行う。

・試験官を生徒に見立てた。指名したら普通に正答を言ってくれた。

・その後そのまま面接。面接の際指導案と教材は取り上げられるので注意。

・面接は授業のことだけではなく願書からや自分自身のことなども聞かれた。

・ほとんど個人面接と同じようなものだった。

・コロナで机間指導は不可だった。

▼高校数学

【模擬授業課題】

□三角比の導入

・指導案作成30分，模擬授業15分，面接25分

・教科書2ページ分のコピーから指導案作成，冒頭の15分の授業終了後，面接へ移行。

【質問内容】

□授業の内容・展開についての説明。

□この授業で大切にすること。

□この授業で身に付けさせたい力，工夫したところ，ポイント。

□数学の魅力は何か。

□数学がきらいな生徒への指導は。

□主体的・対話的で深い学びをどう実現するか。

・模擬授業の後の面接は予想よりも長時間質問されたので注意。

▼高校理科

【模擬授業課題】

□生物基礎　進化　章の始まり

・教科書見ひらき1ページ(やや簡単な教科書)のプリントをもらい指導
　案作成(フォーマット有)。

・コロナのため机間指導なし，問題行動もなかった。

・面接官のうちおそらく2人は生物について詳しくないようだった。

・生徒役と仮定して当てると答えてくれる。

・その後，質問は模擬の内容。その他個人面接で聞かれるような保護
　者対応についても聞かれた。

▼特支

【模擬授業課題】

□算数

・指導案を書く時間30分，模擬授業15分，模擬授業面接25分。

・今年度から個人面接が2回から1回になり，模擬授業の後にそのまま，
　行った授業のことについて聞かれる模擬授業面接が新たに実施され
　た。

・今年度は，新型コロナウイルス感染拡大防止のため，机間指導は行
　えない。

・児童役の面接官は，発問に素直に答えてくれ，問題行動もなかった。

・模擬授業後，授業についての面接をそのまま行う。書いた指導案は
　見てもよい。

【質問内容】

□授業のまとめとしてはどのように行う予定だったか。

□自分で授業が上手くできたと思うか。

　　→その理由について。

□題材を見て，ラッキーだと思ったか，それとも苦戦したか。

　　→その理由について。

□普段授業をする中で大切にしていることは何か。

▼養護教諭

【模擬授業課題】

□小学6年生の児童の学級を対象に感染症の予防について。

・学習指導案を作成し，実際に指導を行う(学級担任とティーム・ティーチングで実施という設定だった)。

・試験時間は指導案作成30分＋模擬授業面接40分。

・B5ほどの用紙に上記のような内容が書いてあり(もっと詳しかった)，その下に学習指導案の表があった。教科書の該当部分のコピーも一緒に渡された。

・教室に入ると，児童役兼面接官が，3人いた。「準備ができたら自分のタイミングで始めてください」と言われ，始めると面接官の一人がタイマーを押した。指導の時間が何分なのかはわからなかったが，体感では15分ほどではないかと思われる。

・教室は普通の教室で，教卓もあった。黒板は使用可能で，黒板用の定規なども使ってよいとのことだった。

・試験官以外の椅子・机は後ろに移動されており，試験官3人だけが前に出てきて横並びで座っていた。指導中，反応や受け答えもあり，雰囲気は和やかだった。

・タイマーがなった時点で指導を止めて，そのまま面接に移った。

【質問内容】

□授業をやってみてどうだったか。

　→緊張はしたか。

□意識したことは何か。

□この後の授業展開はどうするつもりだったか。

□発問した際の児童の回答は想定していた通りだったか。

　→想定していない回答が来たらどうするか。

□家庭環境が複雑である等して当たり前のこと(手洗いの習慣や用語など)が通じない子どもがいるがどうするか。

□発言するのが苦手な子もいるがどうするか。

□担任との連携で，意見が合わない場合はどうするか。

→保護者とはどうするか。

□大学生活で印象に残っていることは。

　　→それで何を学んだか。

□人と関わる時に気をつけていることは。

　　→具体的に何か経験があったか。

　　→あなたのその関わりがどう子どもに影響すると思うか。

□子どもと関わる上で注意したいことは。

□(自己PRから，アルバイトについて)どのような経験ができたか(学べたか)，始めたきっかけ，理由は。

　　→なにか児童生徒との関わりで活かせることはあるか。

□養護教諭になりたいと思ったきっかけは。

□開かれた学校というのが言われているが，開かれた学校についてのあなたのイメージは。

　　→養護教諭としてどうするか。

・時間もあり，教科書のコピーもあるので，授業の構想はしっかり練ることができる。実際に児童生徒役として先生方がいたので，対話をしながら授業を進めていく事が大切だと思った。

・模擬授業後の面接では，授業以外のこと(自己PRからや大学でのこと等)も多く聞かれたので少々驚いた。面接は穏やかで話しやすい雰囲気だった。

◆個人面接(第2次選考)　面接官2人　時間20分

※個人面接を受験者1人につき1回実施。

〈評価項目〉

・児童生徒に対する愛情，教育に対する熱意，意欲等をもっている。

・自ら進んで事にあたり，より効果的に行おうとする意思がある。

・組織の中で自己の役割を認識し，良好な人間関係を築くことができる。

▼小学校
【質問内容】
□どのようにして会場に来たか。
□面接試験のためにどう準備したか。
□なぜ広島の教員になりたいのか。
□ボランティア経験はあるか。
□特技や趣味はあるか。
□なぜ小学校教諭なのか。
□人間関係で悩んだこと。
□教育実習はどうだったか。
□挫折経験。
□中学校でも問題ないか。
・個人面接の最後に30秒自己アピールがあった。
・個人面接では自分のことについて，模擬授業面接では教科指導・生徒指導について主に質問された。

▼小学校
【質問内容】
□受験番号。
□取得予定免許。
□特支免許の領域。
□残りの単位と講義。
□他の自治体や私学などは受験したか，民間企業等は受けたか。
　→それでは広島市一本ということか，というように念を押された。
□今の大学と学科へ進学した理由。
□小学校を希望した理由，広島市を志望した理由。
□広島市ならではの魅力は何か。
□在学中のクラブ活動は(小学校〜大学まで)何か，どんな役割を担っていたか。
□リーダーシップを取る方か，人について行く方か。

□教師として学校ではどんなポジションに立ちたいか。
□現在，所属しているサークルは何か，人に誘われたのか，自ら入ったのか。
　　→そのサークルに入りたいと思った理由は何か。
□友人から言われたあなたの強みは何か。
　　→教師になってから強みをどう活かすか。
□授業力向上のためにどんなことに取り組むか。
□子どもに授業がつまらないと言われた時にはどうするか。
□教師は多忙だが，どうやって学び続けるのか。
□試験勉強はこれまでどのように取り組んできたか。
□模擬授業や面接の練習を他者とする中で，どんなところに改善点があると言われたか，実習はどこに行ったのか。
□実習で1番困難だったことはなにか。
　　→どうやってその困難を乗り越えたのか。
□実習で児童の揉め事や問題行動に出会ったか。
　　→その時どんな対応をしたか。
□これまで感じたストレスはどんなものがあったか。
　　→どうやってそのストレスを解消したのか。
・試験官は男性2人でどちらの方も優しく共感的に聴いてくれた。
・面接時間は25分で，私が着席した後に，タイマーがセットされた。

▼小学校
【質問内容】
□面接に向けてどんな勉強をしたか。
□面接の相手をしてもらった人にどんなアドバイスをもらったか。
□1次試験の手応えは。
□取得予定の免許。
□大学院に行く予定はあるか。
□特技は何か(2つ)。
□自分という人を端的に教えてほしい。

　　　→(長所だけ答えたら)短所は何か。

□大学はオンラインになって大変だったか。

□教育実習について。

　　　→いつ，どこで，何年生だったか。

　　　→1年生と答えたら，大変だったでしょう，と聞かれた。

　　　→授業を作ることは大変だったでしょう，と聞かれた。

　　　→学んだことは。

□学校現場はブラックと言われているが，どう思うか。

□働き方改革とは何か。あなたにとっての，働き方改革の根本にある
　ものは何か。

□不祥事についてどう思うか。

　　　→なぜ不祥事が起こるのか(深堀り)。

　　　→心の余裕がない，自覚がないと答えたら，なぜ余裕がなくなるの
　　　　か，心の余裕がない人，抱え込んでいる人が実際にはいるわけで
　　　　そういう人がいたらどうしたらいいか。

　　　→心の余裕がない人だけが起こすのか。

　　　→不祥事について書かれているのは何の法律で何条か。

□話す方が好きか，聞く方が好きか。

　　　→それはなぜか。

　　　→クラスで聞く方が好きな子がいたらどうするか。

□体罰はどの法律の何条か。

□自己PRのことで，一行だけを深堀り。

　　　→具体的にどうするのか。やってみてください。

□全部の教科の指導は大丈夫か。理科はどうか。

・始めは柔らかい雰囲気で，2人の面接官の仲がよかった。答えられ
　ない質問があると，圧迫気味になった。

・緊張せずに普段の練習の力を出してくださいと言われた。

▼小学校
【質問内容】

□机を倒して暴れ出した児童にどう対応するか。

　→他のやり方は，と3回くらい聞かれた。

・2人の面接官に交互に質問をされる。

・優しく頷きながら聞いてくれたり，相槌を打ってくれたりするから，リラックスできる。

・落ち着いて，「少し時間を下さい」と言っても大丈夫。

▼小学校

・市，県についての理由は詳しく聞かれなかった。

・マイナスな所を見つけて突いてくるので，その部分の対策をするとよい。

・会話らしく話した。人柄を見られているようだったので笑顔で話すこと。出入りはあまり見られていなかったので硬くなりすぎないように。

▼小学校

【質問内容】

□受験番号，名前。

□取得見込みの免許状。

□卒業できそうか。

□併願しているか。

□大学院に行く予定はないか。

□中学の部活，高校の部活は何だったか。

□中学の吹奏楽部では何の楽器をしていたか。

□なぜ小学校か。

□県の施策をふまえてやりたいこと。

□課題発見，解決学習をどのように取り組むか。

□地元出身ということ以外で県を希望した理由。

□実習担当は何学年で，何人学級だったか。

□実習で自分が教師に向いていると感じたこと。

　　→(それを自分の担当学級に実践してみたと言ったら)うまくいった
　　かどうか。
□なぜボランティアをそんなに長く続けているか。
□地元のボランティアではなにをしたのか。
□大学付近ではなんのボランティアをしたか。
□ボランティアで印象に残ったこと(印象に残った子ども)。
□「考える時間を下さい」といった質問にストレスを感じたか，焦っ
　ただけか。
□ストレスは感じる方か，ストレスに強いか，弱いか，普通か。
□寮生活について，相部屋のルールはどう決めたか(相手の意見か，自
　分の意見か，話し合ったか)
　　→相手の意見を尊重した場合，自分のストレスとなっていないか。
□ストレスをあまり溜め込まないタイプか。
　　→(寝たら忘れます，と答えたら)考えなくてはいけないことも忘れ
　　るのか。
　　→いいえ，それは朝起きて頭がスッキリしてから解決します，と答
　　えた。
□保護者に色々言われたらどうするか。
□溜め込みすぎてもう嫌だ，しんどいとなったらどうするか。
・自分のことをアピールできる場はここしかないので，明るく笑顔で，
　自信を持ってアピールするとよい。緊張すると思うが，まずは楽し
　んで自分をアピール。
・面接官は，体育会系男性と，すごく慣れた感がある年配男性。最初
　怖かったけど，話しているうちに笑ってくれた。私の地元の教育を
　よく知っていた(実習校名を言ってもない，書いてもないのに当て
　られた)。
・雑談という感じだった。
・最後に「(以上の面接で言ったことを)現場でも頑張ってくださいね」
　と声をかけてくれた。
・1人の面接官が，自分のことについて，教職への思い等，実習，ボ

ランティアについて質問し，もう1人が，教職への思い等，授業づくりについて，ストレスについての質問をされた。

▼小学校
【質問内容】
□取得もしくは取得見込みの免許状は。
□他の自治体は受けているか。
□自分のよい所は。
□ボランティアはいつからやっているか，週何回で勤務時間はどれくらいか。
□どうしてそこの学校でボランティアをしようと思ったのか。
□ボランティアで学べたことは。
□広島県，広島市でしたいことは。
□実習中にICTを使ってどのようなことをしたか。
□小学校の英語の授業ではどのようなことをしたか。
□中学校，高等学校の先生から，どうして小学校へと変わったのか。
・言葉で文章をまとめるのが苦手な人は，まずWordなどで文字に起こし，それを人に見てもらうとよい。
・場面指導はある人とない人がおり，自分はなし。

▼小学校
【質問内容】
□卒業研究はどんなことをしているか。
□広島県(あるいは広島市)を希望する理由は何か。
□実家から通えない場所に配属されても大丈夫か。
□教員は「ブラック」と言われているが，大丈夫か。
□学校現場でのストレスには耐えられそうか。
□県の不祥事で知っていることはあるか。
□コミュニケーションで大事なことは何か。
□「教育の中立性」を聞いたことがあるか。

・私が面接していただいた面接官はとても和やかな雰囲気だった。しかし，友人に聞くと，圧迫面接もあった様子。
・面接官によってそれぞれのようだが，笑顔でハキハキと答え，自分なりの考えが伝えられることができればよいと思った。

▼中学社会
・1回目は模擬授業の直後，2回目は次の日にあり，会場が違った。
・最初はアイスブレイク的質問が多かった(ここまでどうやって来たか，大学の単位について等)。
・約25分間実施された。

□　□　□

教壇

▼中学英語
【質問内容】
□自分の集団内での役割は何か。
　→その役割での成功談と失敗談は何か。
□ストレスに強いと思うか。
　→その理由は何か，どのように対処するか。
□授業妨害をする等問題のある生徒にはどのように対処するか。
□学校での自分の立ち位置について。
□県を志望しているが市の採用になる場合もあるが可能か。

▼中学英語
【質問内容】
□免許の確認。
□大学院の確認。
□広島の志望動機。
□いつから教員になりたいと思うようになったか。

□併願状況。岡山県が受かって広島が落ちたらどうするか。

□どうして中学英語を選んだか。

□ボランティアはしていたか。

□特技は。

□長所と短所。

□教育実習は行ったか，どの学年を担当したか。

□大学の留学プログラムについて。留学で学んだこと。

□困難をどう対処したのか。

□英検などの資格を持つ意味をどう捉えているか。

□部活動を行う意義。

□それは学習指導要領のどこに書いてあるのか。

□大学院はなぜ行きたいのか。

□ストレスについてのアンケートの確認。

□広島の志望動機についてアンケートの確認。

□現在の英語教育の課題。

　→それに向かって何ができるか。

□市の子どもたちと関わったことがあるか。

□市の子どもたちと関わるボランティアは行って来たか。

□なぜ教員は絶えず研修を行っていかなければならないか。

□全体の奉仕者という言葉をどう捉えているか。

□あなたは全体の奉仕者になれるか。

▼中学家庭

【質問内容】

□広島県の志望理由。

□理想のクラス。

□自分の強みと弱み。

□不登校の生徒に対してどう対処するか。

□家庭科を通して身につけさせたい力。

□多様性理解の意義。

□信頼関係構築のために気をつけること。

▼中学技術
【質問内容】
□志望動機。
□教育実習で学んだこと。
□教員の不祥事の原因とその対策について。
□教育の中立性について。
□ICTと板書の両立，ICTを用いた協働学習について。
・話す内容以上に話し方が重要だと思う(目線，声の大きさやトーン，速度など)。
・ただ話すのではなく，自分の熱意を伝えるという意識が大切。

▼中学保体
【質問内容】
□免許の確認。
□卒論について。
□部活動の経験，功績の有無。
□教員になってしたいこと。
□中央教育審議会とは。
□保健体育の見方・考え方は何か。
□長所と短所。
□広島市と県はどちらが希望か。
　→その理由。
・質問が何を測ろうとしているかわからなかったので，自分の思うことを正直に真剣に大きな声で伝えること，意見を変えないことを意識した。

▼高校国語
【質問内容】

□受験番号，氏名。

□大学院進学の有無，他の自治体や民間は受けたか。

□取得予定免許，市の希望，希望校種の確認，資格の有無。

□この面接試験に向けてどのように対策したか。

□広島県・市の教育施策を踏まえてどのような教師になりたいか。

□卒業研究について。

□なぜ高校国語か。

□ボランティアの経験。

□読書率の低下にどう対応するか。

□自身のICT活用能力は(5段階)。

□新学習指導要領で高校国語の必履修科目はどう変わったか。

 →なぜだと思うか。

・事前に用意し提出したアンケートは全く見られず。

・国語の受験生は全員同じ面接官だった。

・広島県・市の教育施策は要チェックだと思う(2次)。

・1次の教職教養は，今年はだいぶ平均点も高いはずなので，毎年出るところに関しては抜かりなく対策して，満点をねらう。

▼高校数学

【質問内容】

□勤務歴の確認。

 →中学講師，私立高校，高校教師，その過程でどんな力が身に付いたか。

□免許状の確認。

□短所・長所。

□ストレスの解消法。

□子どもたちにどんな力を付けさせたいか。

 →この内容について深く聞かれ，ほとんどの時間を使った。

・面接内容は同じ面接官でも全く違う(前後の受験者からの情報)。

▼高校理科

【質問内容】

□広島市を志望した理由。

　　→平和教育に取り組みたいわけ。

　　→具体的どのような取り組みがしたいか。

　　→何が今足りてないか。

□生物の魅力。

・質問はありふれたものだったが，その1つ1つが深掘りされた。

・しっかりと自分の考えをもつことが大切。

・面接官はどちらも男性。1人はとても優しく，1人は少し厳しめを装っていた。

▼特別支援

※今年度から，事前にアンケートを記入しておき，面接当日，持参する(Wordでも可)。

【アンケート内容】

□あなたの「県・市の希望」(広島県・広島市・どちらでもよい)と広島県・広島市の教育施策を踏まえて，どのような教師を目指したいか具体的に答えてください。

□どのような教師を目指したいか具体的に答えてください。

□最近，どのようなことにストレスを感じたか，自分なりのストレス解消法としてどのようなものがあるか(アンケートのストレスのことは聞かれなかった)。

【質問内容】

□履歴書の確認。

□所有免許状。

□講師経験の確認。

□大学院進学の予定はあるか。

□広島出身だが他県で正規教員として働いていた理由と，なぜ今広島を受験したのかの理由。

□他県と広島，学校現場の違いはあるか。

□地域の人は学校(児童生徒)にどんな力をつけてほしいと望んでいるか。

□県を希望だが，採用されたらどこでも働くことができるか(場所)。

・クールビズのため，ネクタイと上着は外してもかまわない。

・筆記試験の教職教養は，毎年教育基本法から出題されるので覚えておいた方がよい。

▼養護教諭

【質問内容】

□他県との併願はあるか。

□(出身地ではないので)両親はどう言っているか。

□取得予定の免許状について教えてください。

□看護師免許を取得することで何か養護教諭として働く上でのメリットになるか。

□単位は取れているか。

□今の大学を目指したきっかけはあるか。

□大学で幅広く勉強して大変だったのではないか。

□広島県は教員の不祥事が後を絶たないが，何か最近のもので知っているか。

　→それは何が原因だと思うか。

□これから教員になると日常的にも厳しい目が向けられるが，何か今意識していることなどはあるか。

□アンケートにも書いていると思うが，市か県かの希望は(広島市を希望した)。

□広島県の採用となった場合はどうするか。

□広島市といっても大きいので山や島などもあるが，配慮して欲しいことはあるか。

□広島に今後も住みたいとのことだが，何か理由があるのか。

□広島に住むことになると一人暮らしが続くと思うが，心配なこと等

はあるか。

□臨時採用も希望しているが，残念な結果となってしまった場合も広島に住もうと考えているか。

□他に就職活動などはしているか。

□実習は行ったか。どこに行く予定か，期間はどのくらいか。

□希望の校種は。

□看護の実習はあったか。

　→患者さんと直接関われた時の実習はどうだったか。

　→印象的なことは。

□特技はあるか。

　→具体的なエピソードはあるか。

□アルバイトで印象に残っていることは何か。

□アルバイトで具体的に何をするのか教えてください。

□(アルバイトの勤務時間について)何時から何時まで勤務か。

□法律とかにも色々定められているが，養護教諭として実際にどのような職務があるか。何が求められていると思うか。

　→その中でどういったことが大切だと思うか。

　→それはなぜか。

　→具体的にどのようにしていこうと思っているか。

□最後にあなたが養護教諭になることのメリットを教えてください。

・面接官は2人で男性2名だった。比較的和やかで話しやすい雰囲気だった。数問ずつ交互に質問されて，難しい質問はほとんどなかった。私は時間がお昼ごろだったが，夕方ごろに受験した人は少々圧迫を受けたと聞いた。

・広島市を志望すると県だった場合などについてしっかり聞かれるが，強く希望する場合は理由を添えながら貫き通した方がよいと思われる。

・新型コロナウイルスの対策として集合時間なども配慮されていて待ち時間もほとんどなく，他の時間帯の受験者と会うこともほとんどなかった。

・私は，個人面接では，アンケート用紙のことや出願時の自己PR，やりたいこと等についてはほとんど聞かれなかった。
・アンケート記入。今年度は事前に記入したものを当日持参した。内容は例年と同じようなものだと思われる。内容については面接(個人，模擬授業)では聞かれなかった。
・個人，模擬授業面接ともにマスクは着用したままだった。

2021年度　面接実施問題

※2021年度(令和3年度採用)広島県・広島市公立学校教員採用候補者選考試験は，新型コロナウィルス感染症拡大防止のため，日程及び内容等が大幅に変更された。

※日程：第1次選考試験と第2次選考試験を併せて，8月20日～8月30日の期間に実施された。

※内容等：一般選考受験者は，教科に関する専門教育科目の筆記試験と，個人面接1回のみの実施となった(例年は，筆記試験の他に，グループワーク〔1次試験〕，実技試験・個人面接2回・模擬授業〔2次試験〕が実施される)。

※会場入室前に体温測定あり。会場・控室・面接室への入室前に手指消毒あり。

※試験当日は，感染予防のためマスク着用。携帯用手指消毒用アルコール持参可。

◆個人面接(1次試験)　面接官2人　受験者1人　20～30分

※面接前に下記のアンケートに回答し(10分程度で記入)，面接時に提出する。

〈アンケート項目〉

①県・市志望について(どちらでもよい／あり)

②広島県，市の教育政策を踏まえて自分がどのような教師になりたいか。また，そのためにどのようなことをするか，具体的な事例をあげよ。

③最近ストレスを感じたことはあるか，またそのストレスの対処法は何か。

※面接内で口頭による場面指導あり(養護教諭を除く)。

〈主な評価項目〉

・児童生徒に対する愛情，教育に対する熱意，意欲等を持っている。

・自ら進んで事にあたり，より効果的に行おうとする意思がある。

・組織の中で自己の役割を認識し，良好な人間関係を築くことができる。

▼小学校

【質問内容】

□自分自身の長所や性格について述べよ。

□アルバイト経験について述べよ。

【場面指導課題】

□算数が苦手な子にどう対応するか。

　→なぜこのような指導をしたのか保護者に聞かれたら，どう対応するか。

▼小学校

【質問内容】

□広島市を希望する理由は何か。

□広島の政策で興味があるものは何か。

□自己アピールしなさい。

□これからの子どもに必要な力は何か。

□児童の意見を引き出すためにどうするか。

□グループ活動で意欲的になれない児童に対してどうするか。

□単位の取得状況はどうか。

□教員採用試験対策として，これまでどのように勉強してきたか。

□今日の交通手段は何か。

□過去のつらい経験について述べよ。

□教育実習で学んだことは何か。

□厳しい指導についてどう思うか，どうしてそう思うか。

□検定や資格はあるか(教員免許以外)など。

【場面指導課題】

□「いじめを受けている」と保護者から連絡があった場合どうするか。

▼小学校

【質問内容】

□先生同士はどのように関わり合うべきか

□自分の短所はどんなところか。

□教員の魅力とはどんなところか。

□教育実習で心に残っていることはあるか。

□保護者とのコミュニケーションの取り方について。

【場面指導課題】

□小学校3年生の算数の「かけ算」の授業で，わからないと机にうつ
ぶせになる児童がいる。どう対応するか。

　→できない児童を指導している間に，できる児童が終ったらどうす
るか。

　→できない児童に対する授業外の支援は誰が，どのように行うか。

　→できない児童の保護者が父親の場合どうするか。

・教職教養について多く聞かれた人や，雑談調に「カリキュラムマネ
ジメントとは」等と聞かれた人もいた。

・面接官の1人は場面指導に関することだけ，もう1人は受験者個人に
関することだけ質問した。

▼小学校

【質問内容】

□資格取得見込みについて。

□ボランティアで印象に残っていることは何か。

　→児童がどのように変化したか。

□保護者からのクレームにどう対応するか。

□保護者と連携をとるための留意点は何か。

・自己PRに関する質問が多く，記入したことについて掘り下げられた。

・面接室は24教室あり，地図と案内表示に従って自分で該当の教室へ

向かう。

▼小学校
【質問内容】
□広島県を志望した理由を述べよ。
□小学校教諭を志望した理由を述べよ。
□併願の有無と理由を述べよ。
□他校種の免許取得について。
□大学院等の進学希望はあるか，あればその理由は何か。
□授業力を高めるためにどうするか。
□コロナ対策下で学校行事が十分行えないことについてどうするか。
【場面指導課題】
□修学旅行が中止になった。児童に対してどう対応するか。
・自分の思考の軸をもって臨めば，どのような質問に対しても汎用できると感じた。
・アンケートの記入時間が少ない。時間が限られていることを意識しておくべき。

▼中学数学
【質問内容】
□教員の不祥事についてどう思うか。
・2人の面接官がジャンルごとに交互に質問する。
・控室にて事前の記入用紙が配布され，志望理由・実際にやりたいことと，ストレス解消法の2項目について記述した。
・1人の面接官が圧迫面接をしてきたが，わからないことがあっても，帰ってすぐに勉強する姿勢を見せることがとても大切。
・返答の誠実さや姿勢などが見られていると思う。

▼中学国語

【質問内容】

□教育実習での成果と課題について述べよ。

□コロナ対策下で行いたい授業とはどのようなものか。

▼中学国語

【質問内容】

□なぜ問題発見・解決学習を行いたいと思うのか。

　　→問題を発見できない生徒に対してどのように対応するか。

□教員に必要な力は何か。また，そのように考えたきっかけは何か。

□国語を好きになったきっかけは何か。

□願書に書いてある内容について詳しく述べよ。

▼中学英語

【質問内容】

□信頼される学校とは何か。

□中学校教諭を志したのはなぜか。

□どのような教育を実践したいか(自分の科目から具体的に答える)。

□教員になる上でのあなた自身の課題は何か。

□AIや自動翻訳機などが発達する中で，生徒になぜ英語を勉強するのか聞かれたらどのように答えるか。

□あなたが広島県の教員になったら，どんなメリットがあるか教えてほしい。

・手指の消毒作業が間に合わず，外で待つこともあった。

・待ち時間が長いので，水分補給のための飲み物や問題集を持っていくとよい。

・個人面接は，圧迫感はなく，対話のような印象だった。

▼中学家庭

【質問内容】

□受験番号，校種，教科，名前の確認。

□緊張しているかどうか。

□大学での取得単位の状況。

□大学院への進学予定はあるかどうか。

□教員採用試験の対策はどのようにしたか。

□家庭科の授業について。

　　→特に教えたいと思うことは何か。

　　→基礎学力が定着していないクラスはどう指導するか。

　　→表現活動が苦手なクラスや生徒に対して，それぞれどう指導するか。

□生徒とのコミュニケーションについて気をつけることは何か。

□大学で印象に残っていることは何か。

　　→その中で気をつけていたことは何か。

　　→教員になって，その経験をどう生かすか。

□最近気になったニュースは何か。また，それについてどう考えるか。

□保護者へどのように対応するか。

　　→あなたの意見を保護者に納得してもらえない場合，どうするか。

▼高校公民

【質問内容】

□教員の不祥事のニュースで印象に残っていることは何か。

□なぜコミュニケーション能力が大切だと思うか。

　　→どのようにコミュニケーション能力を育てていきたいか。

□どんな教員採用試験対策をしてきたか。

【場面指導課題】

□保護者から電話で子どもの「いじめ」について連絡があった。どのように対応するか。

□クラスの担任になって一番大切にしたいことを生徒の前で話す。どのようなことを話すか。

・面接官1人あたり10問ずつ質問された。

▼栄養教諭

【質問内容】

□なぜ広島県を受験したのか。

□コミュニケーション能力とはどんなものと考えるか。

　　→それを実際に発揮した場面はあるか。

□人間関係で悩んだ際どう対処するか。

□教育実習でやりたいことは何か。

□どんな教師になりたいか。

□広島県の食育の魅力について述べなさい。

□教員同士の連携はどうするべきか。

□ストレス解消法は何か。

・面接官2人から交互に質問される。

2020年度 面接実施問題

◆グループワーク(1次試験) 面接官1人 受験者7人 20分

グループワークでは，次の【課題】について，【手順】に示す活動を行います。

※試験場では，筆記用具は使用できません。

〈配置図〉

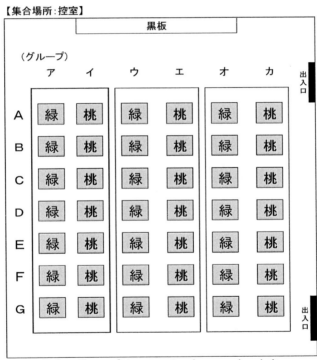

【集合場所：控室】

※後半のグループは，ア・イ・ウ・エ・オ・カを，それぞれキ・ク・ケ・コ・サ・シとする。

〈試験場前の待機場所及び試験場内の配置図〉

⊥	グループ	記　号	A
緑	ア	受 験 番 号	900001

〈進行・時間〉

試験場内におけるグループワークの進行・時間は次のとおりです。

▼前半・ア，イ，ウ，エ，オ，カ・グループ

【課題】

□以下の2つの点を踏まえ，活動1においてA及びBについて協議し，B
については，活動2において実演しなさい。

> ・不安や悩みを抱える児童生徒への支援として，教育相談室
> 等での対応は重要である。
> ・教育相談室での対応から，わいせつ，セクシャルハラスメ
> ント等の教職員による不祥事につながった事案が生起して
> いる。

A　教育相談室を，校舎配置図の𝒂から𝒐のどの場所にするか検討し
ています。

　　𝒂から𝒐の場所について，2番目に配置を避けるべき場所なのは
どの場所ですか。場所及びその理由について，協議してください。

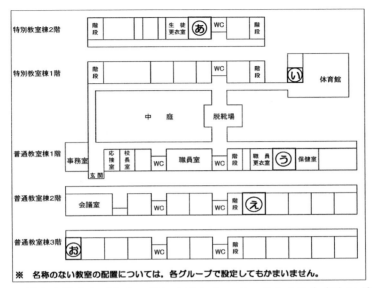

※　名称のない教室の配置については，各グループで設定してもかまいません。

B　児童生徒から「先生，誰にも言わないで。これからも先生にだけ
　相談したい」と相談を受けました。この場面の対応を含め，このよ
　うな場合の適切な対応について協議するとともに，グループ全員が
　出演する劇を作成し，全員で実演してください。

【手順】
活動1：グループ協議・劇の練習(18分)

次の2つのことを行う。
・Aについて，教育相談室の場所及びその理由を協議する
・Bについて，協議するとともに，演じる内容及び役割を決め，
　練習する。
※A及びBの時間配分はそれぞれのグループで設定すること。
※協議・練習の際，活動用の机の上にある1分間が計測できる
　砂時計を使ってかまいません。

活動2：劇の実演(2分)

> Bについて，全員で演じる。
> ※発表は，評定者の合図を受け，評定者の方を向いて行うこと。

▼後半・キ，ク，ケ，コ，サ，シ・グループ

【課題】

□以下の2つの点を踏まえ，活動1においてA及びBについて協議し，Bについては，活動2において実演しなさい。

> ・気になる言動がみられる児童生徒への支援として，教育相談室等での対応は重要である。
> ・教育相談室での対応等から，わいせつ，セクシャルハラスメント等の教職員による不祥事につながった事案が生起している。

A　教育相談室を，あからおのどの場所にするか検討しています。

　　あからおの場所について，2番目に配置を避けるべき場所なのはどの場所ですか。場所及びその理由について，協議してください。

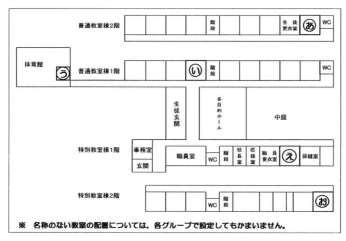

122

B　児童生徒から「生きている意味が見いだせない。今後は，先生の個人メールに相談したい。先生のアドレスを教えてほしい」と相談を受けました。この場面の対応を含め，このような場合の適切な対応について協議するとともに，グループ全員が出演する劇を作成し，全員で実演してください。

【手順】

活動1：グループ協議・劇の練習(18分)

> 次の2つのことを行う。
> ・Aについて，教育相談室の場所及びその理由を協議する
> ・Bについて，協議するとともに，演じる内容及び役割を決め，練習する。
> ※A及びBの時間配分はそれぞれのグループで設定すること。
> ※協議・練習の際，活動用の机の上にある1分間が計測できる砂時計を使ってかまいません。

活動2：グループ協議の発表(2分)

> Bについて，全員で演じる。
> ※発表は，評定者の合図を受け，評定者の方を向いて行うこと。

〈主な評価項目〉

・コミュニケーション能力がある。

・協調性がある。

・柔軟性がある。

〈受験者のアドバイス・感想〉

▼小学校全科

※受験者用資料持ち込み可，終了後回収。

・劇をする場合，全員が発言するように意見を出し合うことや，練習

時間が短く感じたので，タイムキーパーを中心に時間配分に気をつけることが大切だと思った。

▼小学校全科
・グループワークで，Ａ・Ｂの2題活動があり，協調性などを見られている。積極性も大切であるが，出すぎても逆効果だと思う。
・Aで教育相談室の場所を話し合い，Bでわいせつ・セクハラ等の簡単な劇を6人で役割分担して演じた。
・広島でのグループワークの課題は，その年に話題となっていることやわいせつ，セクハラなどが多い傾向である(近年はとくに)。

▼小学校全科
【課題】
□図の中で教育相談室として2番目に避けるべき教室はどこか，理由も入れて話し合う。
□「先生誰にも言わないで」と子どもが相談してきたらどうするか，ロールプレイを2分行うこと。
・グループワークなので，堅苦しい感じではない。
・笑顔，協調性，姿勢，目線に気を付けるとよいと思う。

▼小学校全科
・協調性，柔軟性などが大切だと思う。机を囲んで話し合う。
・ポイントとしては，「自分の意見を主張しすぎない」「話に入れてない人に話を振る」「役割分担をしっかりしておく(グループワーク開始すぐ)」「面接官にも聞こえるよう大きな声で話す」「常に笑顔で，人の話は相づちを打つ」などがあると思う。

◆実技試験(2次試験)

▼小学校全科・特支小学

【音楽課題1】

□オルガン演奏

　「バイエルピアノ教則本」の51番から103番までの曲の中から1曲を選び，オルガンで演奏しなさい。なお，楽譜を見ながら演奏してもよいこととします。

【音楽課題2】

□歌唱

　次の2曲の中から1曲を選び，歌唱しなさい。なお，楽譜を見ながら歌唱してもよいこととします。

〈前半グループ〉

・ふるさと

・とんび

〈後半グループ〉

・おぼろ月夜

・もみじ

【音楽課題3】

□ソプラノリコーダー演奏

　次の2曲の中から1曲を選び，ソプラノリコーダーで演奏しなさい。なお，楽譜を見ながら演奏してもよいこととします。

〈前半グループ〉

・うみ

・夕やけこやけ

〈後半グループ〉

・うさぎ

・かたつむり

〈主な評価項目〉

　音程及びリズムを正確に演奏することができる。

【体育課題1】

〈前半グループ〉

□短なわを使って，次に示す①〜③の3つの跳び方を，下の留意事項を踏まえ，それぞれリズミカルに連続して20秒間ずつ行いなさい。

①前の両足跳び→②後ろの両足挑び→③後ろのあや跳び

〈留意事項〉

・それぞれの実技は，試験官の指示により開始し，試験官の指示により終了すること。

・実技は，①→②→③の順に行うこと。

・実技が中断した場合も，試験官の指示があるまで実技を続けること。

・③については，後ろの両足挑びから始めて，後ろのあや跳びを行ってもかまわない。

〈後半グループ〉

□短なわを使って，次に示す①〜③の3つの跳び方を，下の留意事項を踏まえ，それぞれリズミカルに連続して20秒間ずつ行いなさい。

①後ろの両足跳び→②後ろのあや跳び→③前の両足跳び

〈留意事項〉

・それぞれの実技は，試験官の指示により開始し，試験官の指示により終了すること。

・実技は，①→②→③の順に行うこと。

・技が中断した場合も，試験官の指示があるまで実技を続けること。

・②については，後ろの両足挑びから始めて，後ろのあや跳びを行ってもかまわない。

【体育課題2】

□下の留意事項を踏まえ，資料の図のスタートラインから，矢印の方向にボールを足でドリブルしながら移動し，ゴールラインを通過しなさい。そして，向きを変え，一つ目のコーンをねらって，インサイドキックでパスをしなさい。

〈留意事項〉

・実技は，試験官の指示により開始すること。なお，実技の回数は1

回とする。

・実技については，資料A又は資料Bのうちどちらかのコースを選んで
　行うこと。

・実技は，直立姿勢で始め，直立姿勢で終了すること。

・ドリブルは，途中で休止せず，連続して行うこと。

・ドリブルは，ボールがコーンに接触しないように行うこと。

〈資料A〉

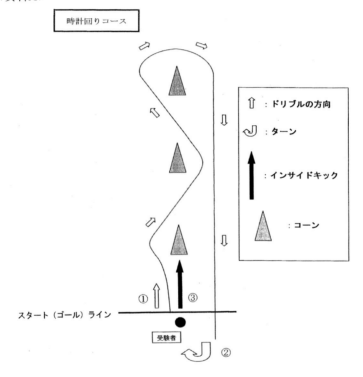

〈資料B〉

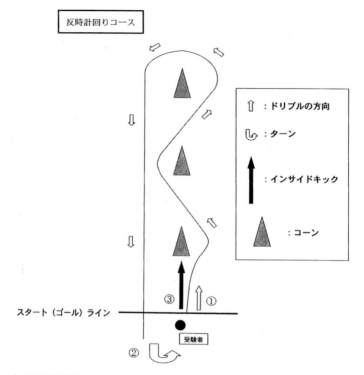

〈主な評価項目〉

基本的な動きを行うことができる。

〈受験者のアドバイス・感想〉

[音楽]

・練習時間があるので，その時に，強弱など足で確認することをおすすめする。

・ピアノは苦手な人は早めに練習しておくべき。楽譜を見ながら弾くので，弾きやすいと思ったものを弾くとよいと思う。歌唱，リコーダーは，歌唱教材24曲のうちから出題されるので何が出てもいいように対策しておくとよいと思う。

・オルガンはペダルを踏まなければ音が出ない。

・試験会場と待機場所は別だった。1人で行動するのでしっかりと把握すること。扉を閉めることや，挨拶を忘れずにすることも大切だと思う。

・オルガンは，少しだけ練習時間があった。

[体育]

・説明を1回でよく聞いて，自分で理解する必要がある。待ち時間に準備運動ができるので，しっかり体を慣らしておく。

・何が出題されるか分からないが，基礎的なものが出題されるので，運動が苦手なら少し対策しておくとよいと思う。

・ボール運動(サッカー)は，ルートをおぼえておかなくてはいけない。事前の説明のときしっかりおぼえる必要がある。

・体育は他にも手でドリブルや，マット運動などもあるので，何が当日出るかわからないため，コツコツ練習しておくとよいと思う。

・なわとび→サッカーの順番だった。なわとびで体力を奪われた。

・サッカーは，説明を十分に理解する必要がある。試験官から直接指示されることはない。

▼中高英語・特支中高英語

※面接官は日本人とネイティブ・スピーカー1人ずつ，対して受験者1人。

※初めに400～500words程度の英語が書かれた紙を一枚渡され，一分間黙読，その後音読を行い，文の内容に関して3つ質問がされる。その後は4問程度英語教育について考え方を問う質問がされ，試験終了。

【課題】

□英語による面接

〈主な評価項目〉

質問に対して適切に応答することができる。

▼中高家庭・特支中高家庭

【調理課題】

□次の表1・2をもとに「豚汁」「だし巻き卵」を調理し，盛り付け，提出しなさい。ただし，下の〈条件〉(1)〜(7)をすべて満たすこととします。

表1

調理名	材料	分量（1人分）	備考欄
豚汁	ごぼう	25ｇ	ささがきにし，あく抜きする。
	だいこん	45ｇ	いちょう切りにする。
	にんじん	15ｇ	半月切りにする。
	豚肉	40ｇ	1cm幅に切る。
	ねぎ	2ｇ	小口切りにし，天盛りで盛り付ける。
	だし汁	200mL	計量
	みそ	9ｇ	計量

表2

調理名	材料	分量（2人分）	備考欄
だし巻き卵	卵	100ｇ	
	だし汁	30mL	計量
	砂糖	5ｇ	計量
	塩	1ｇ	計量
	しょうゆ	2mL	計量
	サラダ油	少々	

〈条件〉

(1) 制限時間は40分とし，使用した器具の片付けは制限時間内に行うものとする。

(2) 材料はすべて使用する。

(3) 熱源は1人2口とする。

(4) 材料の扱い方は，表1・2の備考欄に示したとおりとする。

(5) 表1・2の備考欄に「計量」と示された材料については，各自で計量する。

(6) 「豚汁」は1人分を，「だし巻き卵」は2人分を調理し，監督者から指示された場所に提出する。その際，「だし巻き卵」は2cm幅に切り分ける。

(7) 生ごみは，制限時間終了後に監督者の点検を受けて捨てる。

【被服課題】

□次の〈デザイン図〉をもとに，トートバッグを製作しなさい。ただ
し，下の〈条件〉(1)〜(12)をすべて満たすこととします。なお，縫
う順序は聞いません。

〈デザイン図〉

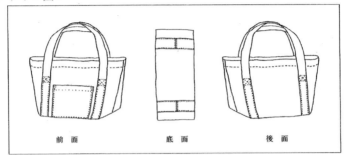

前面　　　　　　底面　　　　　　後面

〈条件〉

(1)　材料は，次のものを使用する。

　　　型紙3枚，布2枚，ミシン用糸赤色，手縫い用糸赤色

(2)　型紙を布目の方向に合わせ，配置する。

(3)　縫いしろの分量をとって，裁ち切り線のしるしを付ける。

(4)　布を裁断する。

(5)　できあがり線のしるしを付ける。

(6)　ポケット口を中折り1cm，できあがり2cmの三つ折りにし，針目
　　　間隔0.7cm程度のまつり縫いをする。

(7)　本体とポケットをミシンで縫い合わせる。

(8)　持ち手をミシンで縫う。縫いしろを割り，持ち手を表に返す。

(9)　持ち手の両端を二つ折りにし，本体と持ち手をミシンで縫い合わ
　　　せる。

(10)　本体の脇をミシンで縫い，縫いしろを割る。

(11)　本体のまちをミシンで縫う。縫いしろは，底側に倒す。

(12)　入れ口を中折り1cm，できあがり3cmの三つ折りにし，0.2cm の
　　　端ミシンをかける。

〈主な評価項目〉
　用具の使用方法や調理及び製作の技術が適切である。

▼中学技術・特支中学技術
【木材加工課題】
□準備された材料と工具を用いて，次の第三角法による正投影図をもとに「レターラック」を製作しなさい。なお，部品の厚さはすべて12mmとし，部品どうしの接合は，すべてくぎ接合とします。
※注意事項：準備されたもの以外は使用できないものとする。

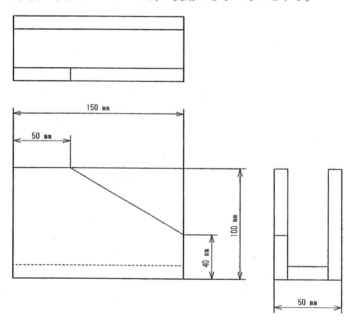

【金属加工課題】
□準備された部品と工具を用いて，次の条件(1)～(3)を満たす電子回路を完成させなさい。ただし，抵抗器については，準備された3個の抵抗器の中から最も適切なものを1個選択し，使用することとします。

※注意事項：準備されたもの以外は使用できないものとする。

〈条件〉

(1) スイッチを入れると発光ダイオードが点灯する。

(2) 部品は，発光ダイオード(V$_F$2.0 V, I$_F$20m A)1個，抵抗器1個，電池ボックス1個，スライドスイッチ1個，リード線を用いることとする。電源は乾電池2本とする。

(3) 発光ダイオード，抵抗器，スライドスイッチは基板にはんだづけを行い，固定する。

〈主な評価項目〉

工具の使用方法は適切である。

▼中高音楽・特支中高音楽

【課題1】

□視唱

中学…「コンコーネ50番」より10番を視唱しなさい。

高校…「コンコーネ50番」より19番を視唱しなさい。

【課題2】

□箏による独奏

平調子(一の弦をホ音又はホ音)で演奏できる自作以外の任意の曲(2～3分程度)を暗譜で演奏しなさい。

【課題3】

□自らのピアノ伴奏による歌唱(弾き歌い)

次の7曲の中から1曲選択し，暗譜で演奏しなさい。

(1) 「赤とんぼ」　三木露風作詞　山田耕筰作曲

(2) 「荒城の月」　土井晩翠作詞　滝廉太郎作曲

(3) 「早春賦」　吉丸一昌作詞　中田章作曲

(4) 「夏の思い出」　江間章子作詞　中田喜直作曲

(5) 「花」　武島羽衣作詞　滝廉太郎作曲

(6) 「花の街」　江間章子作詞　團伊玖磨作曲

(7) 「浜辺の歌」　林古溪作詞　成田為三作曲

【課題4】

□ピアノ演奏

　自分自身が選んできた曲(自作以外の任意の曲)を暗譜でピアノ演奏しなさい。

〈主な評価項目〉

　音程及びリズムを正確に演奏することができる。

▼中高保体・特支中高保体

【課題1】

□領域「器械運動」の「マット運動」を行います。

　ロングマットの端から,「倒立前転」,「側方倒立回転」,「伸膝後転」の順に,技を連続して行いなさい。実技は1回とします。実技開始の前に一度練習を行うことができます。

【課題2】

□領域「水泳」の「平泳ぎ」を行います。

　水中からスタートし,平泳ぎで25m泳ぎなさい。実技は1回とします。

【課題3】

□領域「球技」の「ネット型バレーボール」を行います。

1　直上で,オーバーハンドパスを連続して20秒間行いなさい。ボールが頭上1m以上上がるように行いなさい。実技は1回とします。

2　直上で,アンダーハンドパスを連続して20秒間行いなさい。ボールが頭上1m以上上がるように行いなさい。実技は1回とします。

【課題4】

□領域「武道」の「剣道」及び「柔道」を行います。

1　「剣道」を行います。中段の構えから,前進後退の送り足で「上下振り」を連続して8回行いなさい。ただし,前進する際に1回,後退する際に1回,「上下振り」を行いなさい。実技は1回とします。実技開始の前に一度練習を行うことができます。

2　「柔道」を行います。蹲踞の姿勢から「横受け身」を左右交互に連続して4回行いなさい。その際,左右のどちらからはじめても構

いません。実技は1回とします。実技開始の前に一度練習を行うことができます。

【課題5】

□領域「ダンス」の「創作ダンス」を行います。

　次の要領でダンスを創作しなさい。実技は1回とします。実技開始の前に50秒間練習を行うことができます。

〈要領〉

テーマ	春
実技時間	50秒間
動ける範囲	約25㎡（縦約5ｍ × 横約5ｍ）

〈主な評価項目〉

　正確なフォームで運動を行うことができる。

▼中高美術・特支中高美術

【課題】

□次の1・2の制作上の条件に従って，「国際交流・国際理解」をテーマとしたポスターをデザインし，画用紙に表現しなさい。また，制作した作品の制作意図及び表現の工夫を，解答用紙に書きなさい。なお，受験番号と氏名を画用紙の裏側に書きなさい。

〈制作上の条件〉

1　画用紙に文字は入れない。

2　水彩画用具，ポスターカラー又は水性アクリル絵具で着彩して表現する。

〈主な評価項目〉

　表現意図に応じた表現の工夫が効果的である。

▼高校書道・特支高等書道

【課題1】

□資料1の書跡を臨書しなさい。用紙は，指定の半紙を縦向きに使いなさい。落款は入れないものとします。受験番号と氏名は，鉛筆で左下隅に書きなさい。

〈資料1〉

　著作権保護の観点により，掲載いたしません。

（「十七帖」による。）

【課題2】

□資料2の書跡を見て，14字句を2行で倣書しなさい。用紙は，指定の半切(35cm×135cm)を縦向きに使いなさい。落款は「季子臨」と書き，姓名印の押印位置を赤色のペンで示しなさい。受験番号と氏名は，鉛筆で左下隅に書きなさい。

〈資料2〉

　著作権保護の観点により，掲載いたしません。

（「薦季直表」による。）

【課題3】

□資料3の書跡を臨書しなさい。用紙は，指定の半紙を縦向きに使いなさい。落款は入れないものとします。受験番号と氏名は，鉛筆で左下隅に書きなさい。

〈資料3〉

　著作権保護の観点により，掲載いたしません。

（「高野切第一種」による。）

【課題4】

□自作の俳句を詠み，漢字仮名交じりの作品作りを行うこととします。どのような俳句を詠んで作品にしますか。解答用紙に示す制作カードに詠んだ俳句や制作意図等を記入した上で，作品を作りなさい。作品の用紙は，指定の全紙(70cm×135cm)を1/3(70cm×45cm)に裁断して使いなさい。書体・書風・構成・用紙の向きは，自由とします。落款は，姓名印の押印位置を赤色のペンで示しなさい。受験番号と氏名は，鉛筆で左下隅に書きなさい。

制作カード	
詠んだ俳句	
俳句の意味	
制作意図	
表現効果	
自己評価	

【課題5】

□資料4に示す文を用い，生徒に標語の作品を書かせることとします。実物手本を書きなさい。用紙は，指定の模造紙(109cm×78cm)を1/2(55cm×78cm)に裁断して横向きに3枚継にした用紙に，横書きで書きなさい。書体・書風・構成は，自由とします。受験番号と氏名は，鉛筆で左下隅に書きなさい。なお，鉛筆での割り付け，字入れを行った場合は，消しゴムで消して提出しなさい。

〈資料4〉

> 新たなものに積極的に挑戦する意欲をもとう

〈主な評価項目〉

　文字の配置などの構成を考えて表現できる。

▼高校情報・特支高等情報

【課題1】

□次の(1)・(2)の指示に従って，クライアントの設定をし，フォルダを作成しなさい。

(1)　次の①～③の条件でクライアントの設定をしなさい。なお，クライアントのadministratorのパスワードは「admin」です。また，IPアドレスの下線部のXXは受験番号の下2桁とします。

　①　IPアドレス192.168.1.1XX

　②　サブネットマスク255.255.255.0

　③　デフォルトゲートウェイ192.168.1.254

(2)　ユーザ名「userXX」，パスワード「password」でログオンし，デスクトップ上に「02XX」という名前のフォルダを作成しなさい。なお，XXは受験番号の下2桁とします。

【課題2】

□表1～3は，配付しているCD①に保存されている「library.xlsx」ファイル内の「生徒表シート」，「貸出表シート」及び「貸出図書表シート」のデータを示しています。次の作成条件を基に，データベースソフトウェアを利用して，3つのテーブル，生徒別貸出集計クエリ及び貸出日別貸出集計クエリを作成しなさい。また，表4は，生徒別貸出集計クエリによって作成される表の作成例であり，表5は，貸出日別貸出集計クエリによって作成される表の作成例です。なお，表4・5の「＊＊」の部分は，数値又は文字を示しています。

〈作成条件〉

> ・完成した「library. accdb」ファイルは，【課題1】で作成したデスクトップ上の「02XX」フォルダに保存することとします。
> ・テーブルの作成は，表1〜3のデータを利用することとします。
> ・作成するテーブル名及びクエリ名は任意とします。

表1，表2，表3

　著作権保護の観点により，掲載いたしません。

表4

生徒番号	氏名	貸出数
＊＊	＊＊	＊＊
＊＊	＊＊	＊＊
＊＊	＊＊	＊＊

表5

貸出日	貸出数
＊＊	＊＊
＊＊	＊＊
＊＊	＊＊
＊＊	＊＊

【課題3】

□次の図は，Y高等学校の周辺地図をかいたものです。この図を参考に，図形処理ソフトウェアなどを利用して，Y高等学校の周辺地図を作成しなさい。また，ファイル名「Y高等学校地図」とし，【課題1】で作成したデスクトップ上の「02XX」フォルダに保存しなさい。

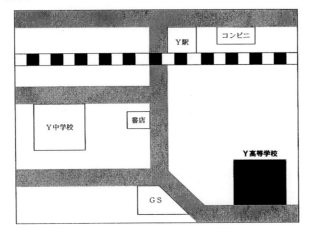

【課題4】

□表1・2は，配付しているCD①に保存されている「shinro.xlsx」ファイル内の「シート1」及び「シート2」のデータを示しています。次の作成条件を基に，第3学年進路希望調査表(4月末現在)及び3つのグラフを作成しなさい。また，表2の「＊＊」の部分は，数値を示しています。

〈作成条件〉

> ・完成した「shinro.xlsx」ファイルは，【課題1】で作成したデスクトップ上の「02XX」フォルダに保存することとします。
> ・第3学年進路希望調査表(4月末現在)は，「シート1」の表のデータを利用して，「シート2」に完成させることとします。
> ・グラフは，第3学年進路希望調査表(4月末現在)を基に，進路希望別，進学希望別，男女別進学希望別の人数の違いを読み取るグラフを「シート3」にそれぞれ作成することとします。

表1，表2

著作権保護の観点により，掲載いたしません。

【課題5】

□次の構成図に従って，CD②に保存されているデータを活用し，A高等学校のWebページを完成させなさい。ただし，作成に当たっては下の条件を満たすこととします。また，完成させたWebページは，【課題1】で作成したデスクトップ上の「02XX」フォルダに保存しなさい。

〈構成図〉

【構成図】

「TOP」のページ
令和元年度ＰＴＡ企業・大学見学会の実施について

「校長挨拶」のページ　　「部活動」のページ　　「アクセス」のページ

〈条件〉

・「TOP」,「校長挨拶J」,「部活動」,「アクセス」のそれぞれの
ページには, CD②に保存されているデータを活用し,次の
ア～エの下線部のデータを挿入すること。
ア 「TOP」:<u>文字及び写真</u>
イ 「校長挨拶」:<u>文字</u>
ウ 「部活動」:<u>文字及び表</u>
エ 「アクセス」:<u>文字及び地図</u>
・「TOP」のページと「校長挨拶」,「部活動」,「アクセス」の
それぞれのページとを相互にリンクさせること。
・「令和元年度PTA企業・大学見学会の実施について」は,
「TOP」のページからダウンロードできるように設定するこ
と。

〈CD②に保存されているデータ〉

・交通手段.docx
・令和元年度PTA企業・大学見学会の実施について(御案内).docx
・校長挨拶.docx
・令和元年度PTA企業・大学見学会の実施について(御案内).pdf
・住所・電話番号.docx
・正門.jpg
・地図.gif
・地図.pdf
・部員数一覧表.xlsx
・部活動.docx
・風景1.jpg
・風景2.jpg

〈主な評価項目〉

　情報及び情報技術を適切に活用することができる。

▼高校農業・特支高等農業

※それぞれの実技時間は4分間とします。

【課題1】

□コサージュを作製することとします。レザーリーフファンにワイヤ
　リング及びテーピングを行い，パーツを1つ作製しなさい。なお，
　作業が終了したら，試験官に報告すること。

【課題2】

□支柱に野菜の首を誘引することとします。その苗の主茎を8の字で
　誘引しなさい。なお，作業が終了したら，試験官に報告すること。

【課題3】

□ペチュニアの種子を播種することとします。用意された3種類の種
　子の中からペチュニアの種子を選択し，育苗箱にばらまきを行いな
　さい。ただし，机上に用意してある道具は何を使用しても良いこと
　とします。また，この場での潅水は行わないこととします。なお，
　作業が終了したら，試験官に報告すること。

【課題4】

□マイクロピペットを用いて試薬の分注を行うこととします。測りと
　る容量を500μLに調整した後，5本のマイクロチューブに500μLず
　つ分注しなさい。なお，作業が終了したら，試験官に報告すること。

【課題5】

□刈払機を用い，別紙の写真のような場所に生えた雑草を刈ることと
　します。最も適切な部品を選択して，刈払機に取り付けなさい。た
　だし，机上に用意してある道具は，何を使用しても良いこととしま
　す。また，エンジンはかけないこととします。なお作業が終了した
　ら試験官に報告すること。

〈写真〉
著作権保護の観点により，掲載いたしません。

↑
この場所から雑草を刈ることとします。

〈主な評価項目〉

　農業資材，器具等の使用方法は適切である。

▼高校工業(機械)

【課題】

□次に示す設計図を基に，与えられた卓上ボール盤と準備された工具
　等を使用して，途中まで加工している真織(C3604BD)を完成させな
　さい。表面性状は問わないものとし，寸法公差は±0.3mmとします。
　また，加工を行う前に，設計図を基に記入用紙に示すそれぞれの作
　業内容について，その目的と安全を確保するための留意点を記入用
　紙2枚にそれぞれ書き，1枚を試験官に提出しなさい。ただし，記入
　に当たっては，記入用紙の「【例】けがき」に示す記入例を参考に
　すること。

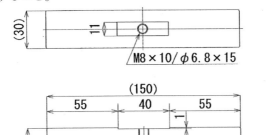

単位：mm

143

作業内容	目的	安全を確保するための留意点
【例】けがき	寸法を正確に測定し，加工する位置を決めるため。	けがき針の使用方法
切断作業		
切削作業（ヤスリ作業）		
穴あけ作業		
ねじ切り作業		
仕上げ作業		

〈主な評価項目〉

　機械，工具等の使用方法は適切である。

▼高校工業(電気)

【課題1】

□次の図1は，生徒が作品を作る際に配付された配線工事の配線図であり，図2は，図1を基に生徒が複線図にかきかえたものを示しています。机上に配付しているものは，生徒の作品例です。作品例は図2の複線図どおりには作られておらず，誤りがみられます。図1，図2及び別紙の〈施工条件1〉(1)〜(4)を基に，作品例の誤った部分をすべて指摘し，解答用紙にその内容を簡潔に書きなさい。

144

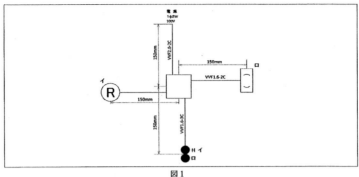

図1

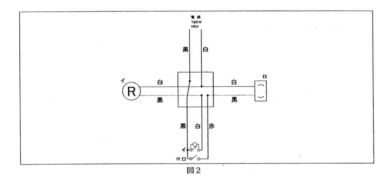

図2

〈施工条件1〉

(1)　配線及び器具の配置は，図1に従って行うこととします。

(2)　電線の色別指定(ケーブルの場合は絶縁被覆の色)は，次のア～ウ
の条件によることとします。

　　ア　100V回路の電源からの接地側電線には，すべて白色を使用する
　　　こと。

　　イ　100V回路の電源から点滅器までの非接地側電線にはすべて黒色
　　　を使用すること。

　　ウ　次の①・②の器具の端子には，白色の電線を結線すること。

145

　　　① ランプレセプタクルの受金ねじ部の端子

　　　② 引掛シーリングローゼットの接地側極端子(Wと表示)

(3)　図1のジョイントボックス部分を経由する電線は，その部分ですべて接続箇所を設け，電線接続は差込形コネクタによる接続とします。

(4)　ランプレセプタクルの台座及び引掛シーリングローゼットのケーブル引込口は欠かずに，下部(裏側)からケーブルを挿入することとします。

【課題2】

□次の図は，低圧屋内配線工事の配線図を示しています。あとの1・2に答えなさい。

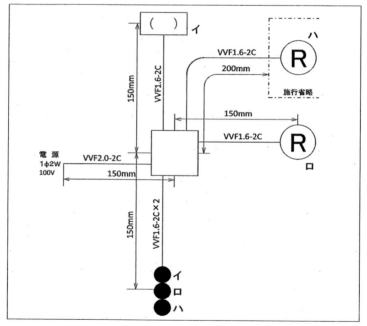

　注1　図記号は，原則としてJIS C 0303：2000に準拠し，作業に直接関係のない部分等は省略又は簡略化しています。

注2　Ⓡはランプレセプタクルを示しています。

1　図及び次の〈施工条件2〉(1)〜(4)を基に，解答用紙に複線図をかきなさい。

〈施工条件2〉

(1)　配線及び器具の配置は，図に従って行うこととします。

(2)　電線の色別指定(ケーブルの場合は絶縁被覆の色)は，次のア〜ウの条件によることとします。

　　ア　100V回路の電源からの接地側電線には，すべて白色を使用すること。

　　イ　100V回路の電源から点滅器までの非接地側電線にはすべて黒色を使用すること。

　　ウ　次の①・②の器具の端子には，白色の電線を結線すること。

　　　①　ランプレセプタクルの受金ねじ部の端子

　　　②　引掛シーリングローゼットの接地側極端子(Wと表示)

(3)　図のジョイントボックス部分を経由する電線は，その部分ですべて接続箇所を設け，電線接続はリングスリーブによる終端接続とします。

(4)　ランプレセプタクルの台座及び引掛シーリングローゼットのケーブル引込口は欠かずに，下部(裏側)からケーブルを挿入することとします。

2　図を基に，準備された工具及び材料を使用し，〈施工条件2〉に従って低圧屋内配線工事を完成させなさい。ただし，図中の‥‐‥‐‥‐‥‐‐ で示した部分は施工省略とします。

〈主な評価項目〉

　　配線，器具の配置は適切である。

▼高校工業(建築)／特支高等工業(建築)

【課題】

□次に示す図は，平屋建て住宅配置図兼平面図を示したものです。解答用紙に平屋建て住宅配置図兼平面図を1：100の尺度でかきなさ

い。その際，平面図には床仕上げ及び家具等，配置図には植栽等を
それぞれかきなさい。ただし，この住宅の敷地は東西方向16m，南
北方向13mの長方形で，敷地の北側のみが幅員6m の道路に面してお
り，敷地内には駐車スペースを1台分をとることとします。

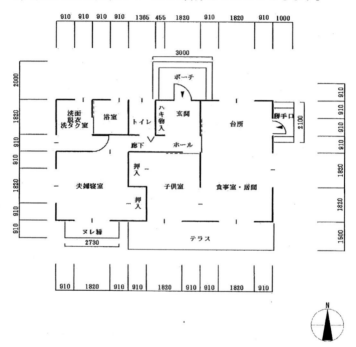

〈主な評価項目〉
器具等の使用方法は適切である。

▼高校工業(土木)

【課題】

□図は，5つの測点A～Eの閉合トラバースを模式的に示しています。
　準備された測量機器を使用して次の〈手順〉(1)～(3)を基に，5測点
　のトラパース測量を行いなさい。

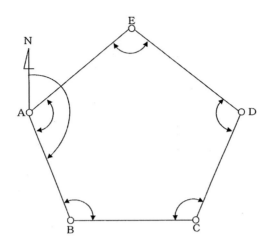

〈手順〉

(1) 5つの測点A〜Eの内角と各測点間の距離をそれぞれ測定し，解答用紙の「表1　野帳」に書きなさい。なお，観測は，1対回で観測することとします。

(2) (1)で得られたデータを基に，方位角を計算し，解答用紙の「表2　方位角の計算書」に書きなさい。

(3) (1)で得られたデータを基に，平均距離を計算し，解答用紙の「表3　平均距離の計算書」に書きなさい。

表1　野帳

測点	望遠鏡	視準点	観測角			観測距離〔m〕
A	正	N				
		B				
A	正	E				
		B				
	反	B				
		E				
B	正	A				
		C				
	反	C				
		A				
C	正	B				
		D				
	反	D				
		B				
D	正	C				
		E				
	反	E				
		C				
E	正	D				
		A				
	反	A				
		D				

表2　方位角の計算書

測点	望遠鏡	視準点	観測角	測定角	平均角	調整量	調整角	方位角
A	正	N			－	－	－	－
		B						
A	正	E						AB
		B						
	反	B						
		E						
B	正	A						BC
		C						
	反	C						
		A						
C	正	B						CD
		D						
	反	D						
		B						
D	正	C						DE
		E						
	反	E						
		C						
E	正	D						EA
		A						
	反	A						
		D						
計	－	－	－	－				－

表3　平均距離の計算書

測線	観測距離〔m〕	平均距離〔m〕
AB		
BC		
CD		
DE		
EA		
計	―	

〈主な評価項目〉

　器具等の使用方法は適切である。

▼高校工業(化学工学)

【課題】

□滴定，化学工学に関する製図のうち当日指示する課題。

〈主な評価項目〉

　薬品や器具等の使用方法は適切である。

▼高校工業(インテリア)／特支高等工業(インテリア)

【課題】

□次の図は，家具製作における基本的な継手の設計図を示しています。
　図を基に，用意された工具を用いて継手を製作しなさい。ただし，
　けがきについては自身の鉛筆等を用いてもよい。

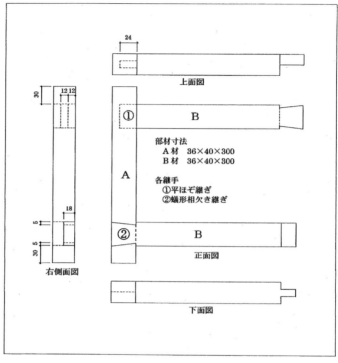

〈主な評価項目〉

　器具等の使用方法は適切である。

▼高校商業

【課題1】

□会計について，1～3に答えなさい。

　著作権保護の観点により，掲載いたしません。

【課題2】

□次の資料は，A社の比較貸借対照表及び損益計算書を示したもので
　す。下の1・2に答えなさい。

資料

比較貸借対照表
平成○2年3月31日及び平成○3年3月31日 (単位：万円)

	平成○1年度	平成○2年度	増減額
現　　金	2,800	4,900	2,100
売 掛 金	3,200	4,200	1,000
貸倒引当金	△120	△300	△180
商　　品	1,600	3,000	1,400
建　　物	2,000	2,600	600
減価償却累計額	△80	△200	△120
資 産 計	9,400	14,200	4,800
買 掛 金	3,000	6,400	3,400
短期借入金	2,000	3,200	1,200
資 本 金	4,000	4,000	0
利益剰余金	400	600	200
負債・純資産計	9,400	14,200	4,800

損益計算書
自平成○2年4月1日 至平成○3年3月31日 (単位：万円)

売 上 高	8,400
売 上 原 価	5,000
売上総利益	3,400
給与・賞与	1,600
貸倒引当金繰入	180
減価償却費	120
消 耗 品 費	600
営 業 利 益	900
支 払 利 息	400
経 常 利 益	500
税引前当期純利益	500
法 人 税 等	200
当期純利益	300

1　A社の平成○2年度の財務比率を計算することとします。次の(1)〜(4)の財務比率について，それぞれ計算しなさい。ただし，パーセントの小数第1位未満を四捨五入することとします。

(1)　当座比率　　　(2)　自己資本利益率　　　(3)　売上高総利益率

(4)　総資本増加率

2　A社の財務諸表分析をすることとします。財務諸表分析について述べた，次のア〜エのうち，最も適切な文を1つ選び，その記号を書きなさい。

ア　平成○1年度の売上高純利益率が5.5％であった場合，売上高純利益率に着目すると，平成○1年度と比較して平成○2年度は収益性が高いと判断できる。

イ　平成○1年度の商品平均在庫日数が，185日であった場合，商品平均在庫日数に着目すると，平成○1年度と比較して平成○2年度は商品の在庫期間が長く，商品の販売効率が悪いと判断できる。

ウ　平成○1年度の売上原価率が50.3％であった場合，売上原価率に着目すると，平成○1年度と比較して平成○2年度の利幅が大きく収益性が高いと判断できる。

エ　平成○1年度の自己資本回転率が1.5回であった場合，自己資本回転率に着目すると，平成○1年度と比較して平成○2年度は事業に投資した資本が効率的に活用されていると判断できる。

【課題3】

□次の資料は，同業種・同規模で，売上高と当期純利益が同額のA社，B社の損益計算書(要約)を示したものです。1～4に答えなさい。

〈資料〉

著作権保護の観点により，掲載いたしません。

【課題4】

□次の資料は，A社の損益計算書(一部)を示したものです。この資料を基に，ROA(総資産利益率)が15％に上昇した場合のROE(株主資本利益率)を求めなさい。なお，営業利益は経営環境によって変動するため，投下資本を一定とした場合，それに応じてROAも変動することとします。

```
<資料>          損益計算書 （一部）
                          （単位：百万円）
    営　業　利　益            300
    支　払　利　息            100
    税　引　前　利　益         200
    税　　　　金（40％）        80
    税　引　後　利　益         120
  なお，当期の総資産は3,000百万円（＝有利子負債2,000百万円＋株主資本1,000百万円）とする。
  また，A社ではROAを営業利益÷総資産と定義している。
```

【課題5】

□次の資料は，A社の商品取引の実績表を示したものです。〈商品取引に係る条件〉に基づいて，1・2に答えなさい。

〈資料〉

著作権保護の観点により，掲載いたしません。

【課題6】

□次の資料は，A社が製造・販売する3種類の製品X，Y，Zに関するものです。下の1・2に答えなさい。なお，いずれの製品も共通の機械を使用して加工しており，この機械の年間最大使用可能時間は8,000時間であるとします。

<資料>	製品X	製品Y	製品Z
販売単価	2,700円	2,000円	1,500円
単位あたり変動製造原価	1,400円	1,100円	900円
単位あたり変動販売費	220円	180円	100円
単位あたり機械加工時間	2時間	1.5時間	1時間
予想最大需要量	1,600個	2,400個	3,000個
期間中の固定費総額	2,000,000円		

1 営業利益を最大化する製品X，Y，Zの製造数量(最適セールス・ミックス)はいくつになりますか。それぞれ求めなさい。

2 最適セールス・ミックスのもとで得られる営業利益はいくらになりますか。求めなさい。

【課題7】

□企業の会計担当者として業務に従事していることとします。次の1・2に答えなさい。

著作権保護の観点により，掲載いたしません。

〈主な評価項目〉

適正な会計処理を行うことができる。

▼高校看護

【課題】

□衛生看護科第2学年を対象とした科目「基礎看護」において包帯法の校内実習を行うこととします。試験官1名を生徒に見立て，次の1～4の項目に従って，環行帯，離開亀甲帯の巻き方，三角巾の使い方の示範を行いなさい。その際，主な留意事項を言葉で説明しながら行いなさい。

1 左肘部に伸縮包帯を離開亀甲帯で巻きます。

2 巻き始めは環行帯とします。

3 巻き終えたら，テープで包帯を固定します。

4 左上肢を三角巾による吊り包帯法で固定します。

〈主な評価項目〉

看護技術が適切である。

▼高校福祉

【課題】

□次の事例のAさんに対して，日常着を着用させ，食堂まで移動させることとします。衣服の着脱，移動の介護に当たっては，事例のAさんの尊厳を守り，自立支援と安全に配慮して行いなさい。なお実技の時間は8分以内とします。

〈事例〉

　Aさんは，87歳の女性です。右片麻痺があり，衣服の着脱や歩行には一部介助が必要です。朝，起床後居室の椅子に座っています。耳は聞こえづらいですが，理解はできます。

　Aさんの返事は，うなずく，首を振るのみです。

〈主な評価項目〉

　介護技術が適切である。

▼養護教諭

【課題1】

□児童が，床に落ちた消しゴムを拾うためにしゃがんで立ち上がろうとした際に，机の角で頭頂部を打ってしまいました。頭皮の傷から出血があります。ガーゼを1枚，三角巾を1枚使用して，患部の圧迫止血をしなさい。実技の時間は3分間とします。

【課題2】

□あなたは，階段の下で仰向けになり倒れている生徒を発見した教職員からの連絡を受けたこととします。現場にかけつけた際には，すでに他の教職員により，救急車の要請を済ませ，周囲への配慮や誘導ができています。

　　この生徒の生命の兆候を観察し，生徒を毛布で保温しなさい。実技の時間は3分間とします。

〈主な評価項目〉

傷病に応じた処置が適切である。

〈受験者のアドバイス・感想〉

・傷病者役の人が無言の場合があるが，急に問いかけや痛がることもあるので急な対応ができていた方が良い。

◆個人面接A・B(2次試験)　面接官2人　各25分

※養護教諭は個人面接Aのみ。

※現職教員を対象とした特別選考受験者の面接時間は，各30分間である。

※個人面接Bでは，面接に入る前にアンケートを10分間で記入する。

〈主な評価項目〉

・児童生徒に対する愛情，教育に対する熱意，意欲等を持っている。

・自ら進んで事にあたり，より効果的に行おうとする意思がある。

・組織の中で自己の役割を認識し，良好な人現関係を築くことができる。

▼小学校全科

【質問内容】

□広島県を志望した理由は何か。

□卒業論文について簡潔に述べよ。

□どのような授業を行いたいか。

□好きな教科と苦手な教科は何か。

□短所は何か。

□教育実習での成果と課題は何か。

□児童との関わりで気をつけたいことはあるか。

□どんな学級をつくっていきたいか。

□いじめ防止を児童にどう伝えるか。

□初対面の人と話すときに気をつけていることはあるか。

□教員同士の連携はどうやって行うか。

□教員の不祥事についてどう思うか。

□自己アピールを簡潔に。

・1つの質問に対して深く聞かれることが多かった。面接官の目を見て，笑顔で話すためにも，笑顔をつくる練習をすることをおすすめする。

▼小学校全科

【質問内容】

□志望動機を述べよ。

□ストレス発散法について。

□何度目の受験か。

□免許状の確認。

□大学院に進学するか。

□自己アピールをせよ。

□趣味について。

□緊張しているか。

□保護者との連携で気を付けていること。

□大きなケガに対処したことはあるか。

□保健室経営で気を付けていることは何か。

▼小学校全科

【質問内容】

〈面接A〉

□恩師について。

□願書の内容について。

□不登校の子どもへの対応。

□今学んでいること。

□教師になるうえで不安なことは何か。

〈面接B〉

□教育実習について。

□恩師について。

□広島市を希望する理由，意気込みを述べよ。

・1対2なので，2人と目線を合わせながら，笑顔ではきはきと答える
　と良いと思う。

▼小学校全科

【内容】

〈面接A〉

□小学校教諭を目指した理由：免許について。

　→なぜ副免(特支，中)を取ったのか。

□留学経験について。

　→日本と海外の子どもの違いは。

□不登校，いじめの背景とは。

〈面接B〉

□過労が問題となっているが，どう考えているか。

□おそくまで働く先生の姿をみることもあるが，どう思うか。

□教育実習は県内，県外のどちらだったか。

　→学んだことは何か。

□広島県と広島市，どちらを希望しているか。

　→もし，広島市になったらどうするか。

・A，Bで聞かれる内容にちがいはないように思う。重なる質問も多か
　った。アットホームな雰囲気でうなづきながら聞いてくれるので，
　素直に自分の考えを伝えることができた。

▼小学校全科

〈面接A〉

□志望理由について。

□広島を選んだ理由は何か。

□実習について。

　→大変だったこと，うれしかったことを述べよ。

□ストレスについて。
　→最近のストレスは何か。その対処法は。
□長所・短所を述べよ。
□これまでの経緯について。
□どんな先生になりたいか。
・自己PR書からの質問が多かった。
〈面接B〉
□いじめについて。
□学級経営はどのようにしたいか。
□あこがれの先生には何年働けば追いつけると思うか。

▼小学校全科
【質問内容】
□志望動機について。
□教師になって不安なことは。
□いじめをなくすには。
□ボランティアは何をしていたか。
□ストレス解消法にはどのようなものがあるか。
□他人からどう思われているか。
□最近読んだ本について。
・1回の面接で1つの質問くらいで圧迫感があった。わからないことは
　素直に答えたほうが良いと思う。

▼小学校全科
【質問内容】
※面接A，Bの2回あったが，質問内容に大きな違いはない。Bでは，
　面接の前にアンケートを記入する。
□市と県の希望・その理由について。
□最近感じたストレスは何か。その解消法について。
※アンケートから必ず質問されるわけではない。

・面接では自分の考えたことをしっかりと伝えることが大切。否定されたり，圧迫されても意思を強く持っていることが大切だと感じた。

▼小学校全科
【質問内容】
□教員になりたいと思ったきっかけやエピソードを述べよ。
□どんな教員になりたいか。
□どんな学級をつくりたいか。
□ダンス経験について。
□大学卒業後にやりたいことは何か。
□不登校児童への対応について。
□保護者対応について。

▼特支小学
【質問内容】
〈面接A〉
□特別支援学校の教師になりたい理由を述べよ。
□何か体力をつけることをしているか。
　　→具体例も述べよ。
□名前の由来について。
□嫌いな科目をどのように授業していくか。
□特別支援学校の教師に親が求めていることは何だと思うか。
□教師の魅力について。
〈面接B〉
□なぜ，広島県の教員になりたいのか。
　　→自己アピール，趣味について。
□保護者と支援についての意見が合わなかったらどうするか。
□特別支援に興味をもったきっかけは何か。
□知的障がいの重い子，軽い子，それぞれの対応について。
□教師になりたい理由。

▼特支小学
【質問内容】
□教師になりたい理由。
□どうしてその先生が印象に残っているのか。
□どうして特支を目指しているのか。
□小免しかないのにどうして特支なのか。
□普通学級ではない理由。
□小中連携をどう考えるか。
□特支の異文化交流をどうするか。
□教職を諦めようとする後輩にどのように声をかけるか。
□児童，保護者とどのように信頼関係を築くか。
□広島を希望する理由。
　　→どんなことをしたいか。
□部活で困ったことはなかったか。
　　→続けることで得られたことはなにか。
□通常学級の実習に行ってもやはり特支なのか。

▼高校英語
※面接者に向かって，2人の面接官が志望理由書をもとに面接を行う。
【質問内容】
□ストレスへの対応について。
□自分はどんな人間か。
□英語の面白さとは何だと思うか。
□どのように読書活動を推進するか。
□県と市どちらが希望か。
・オーソドックスな内容だった。

◆模擬授業(2次試験)　面接官3人　受験者1人　45分

〈試験の流れ〉

①　個人面接A(25分)終了→控室に移動

②　問題と学習指導案用紙の配付

③　学習指導案作成(30分)

④　試験場に移動

⑤　模擬授業(入退室を含む15分)

※現職教員を対象とした特別選考受験者の授業時間は，25分間である。

〈模擬授業の条件〉

・試験官の指示に従って始める。その際，模擬授業試験の校種，教科・科目等，想定する学年を述べる。

・実際の場面を想定して，作成した学習指導案に基づき，導入から授業を行う。栄養教諭受験者は，授業を展開する部分の冒頭から行う。

・試験官3名を児童生徒と想定する。児童生徒役の試験官に質問したり，発表させたりすることと，教室内を移動することは可能である。

・児童生徒役の試験官が，児童生徒の立場で，適宜，質問や発言をする場合がある。

・黒板(チョーク)と定規類の使用は可能だが，それ以外のものは使用してはならない。

・終了時間になったら，試験官が終了の合図を行い，途中で打ち切る。

・模擬授業終了後は，試験官の指示に従い，「受験者の皆さんへ」以外の配付物等(学習指導案の原本，模擬授業の問題，「個人面接A・模擬授業について」)を試験官に返却する。

〈主な評価項目〉

・児童生徒の考えを引き出す発問ができるなど十分な指導力を持っている。

・児童生徒を引きつける表情，動作ができるなど表現力が豊かである。

・児童生徒に共感的，受容的な対応ができる。

▼小学校全科

【課題】

□4年生　算数「計算のきまり」1つの式で表す。

※試験官(児童役)はAさん，Bさん…と呼ぶ。

・反応をしているか，ノートをとっているかなどしっかり見ながら発問したり指導したりすることが大切だと思う。

▼小学校全科

【課題】

□1000円持っていて，○○円のパンと○○円のジュースを買いました。おつりは何円でしょうか。

※試験官が児童役をする。

・3人が窓際で騒ぎ出したり，1人が泣き出したりと，問題行動が多めだった。1人で練習するよりも，グループになって児童役，教師役になって練習する方が問題行動に対応できるようになると思う。

・指導案も30分で書かなければならないので練習しておいた方がよいと思う。30分で書く練習が大事。

▼小学校全科

※試験官3名(児童役で発言あり)。

・姿勢の注意など場面指導含む。

▼小学校全科

【課題】

□4年生　算数「(　　　)のある計算」

・模擬授業開始3分後に児童役の試験官が「先生，ものさし忘れました」と発言。

・別の児童役は，終始無口でじっとみつめてきた。

・さらに別の児童役は，メモをとっていた。当てたら答えてくれた。

・グレーゾーンの子どもがいると仮定して授業をすると，ちゃんと

「意識できている」と感じてもらえると思う。

▼小学校全科

【課題】

□4年生　算数

・広島は国語と算数を3年ずつくり返しているため，来年からは国語だと思う。

・試験官3人は，問いかけたりできる。教科書を1〜6年生まで読んで，内容を頭に入れておくと，当日課題でも書きやすかった。

▼小学校全科

【課題】

□4年生　算数　「(　　　)を使った計算の仕方を知る」

・児童役の試験官の問題行動がいくつかあった(開始直後立ち歩く，忘れ物をする，あいさつをしない，1人だけずっとだまっている)。

・問題行動に対してはきちんと対応するべき。

▼小学校全科

【課題】

□4年生　算数　「1000円で買い物に行き，600円の本と360円のおかしを買いました。残りのお金はいくらですか」

・指導案を作成して，導入から15分間授業をする。うまく授業ができているのかよりも，雰囲気や児童への寄り添い方をみられているように感じた。

▼小学校全科

【課題】

□4年生　算数　1つの式に表す計算「○円もってお買い物に行き，○円のおかしと，○円のものを買ったときの残りの代金は」

※試験官は3人で児童役をする。

・Aは優秀な児童，Bは計算が得意，Cはわかっていない児童のようだった。
・場合によっては，ひねった質問をする児童役や，不真面目役もいる。

▼特支小学
【課題】
□4年生　算数「500円玉をもって買い物にいきました。230円のパンと150円のジュースを買って，残りは何円ですか」
・設定として小学校の普通学級に集中することが難しい児童が1人在籍している。児童役は手を挙げて発表してくれたり，よそ見をして話を聞いていない演技をしてくれたりした。

▼特支小学
【課題】
□4年生　算数「2つの式を1つの式に表す」
・ほぼ教科書。

▼高校英語
※30分でテーマの文章に合わせ，1コマ分の指導案作成。
※入退室含め15分で授業を導入から実施。
【課題】
□ “water crisis” がテーマ。
・生徒役試験官3人は，典型的な「勉強が苦手な生徒」の想定。注意を促したり，興味を引く工夫が必要だった。

2019年度　面接実施問題

◆グループワーク(1次試験)　面接官1人　受験者7人　20分

　グループワークでは，次の【課題】について，【手順】に示す活動を行います。控室において，【手順】の活動1における個人発表ができるよう，個人の考えをまとめてください。なお，考えた内容等を資料に書き込んでも構いません。また，この控室内では，他の受験者と相談するなど，会話は一切してはいけません。

※試験場では，筆記用具は使用できません。

〈配席図〉

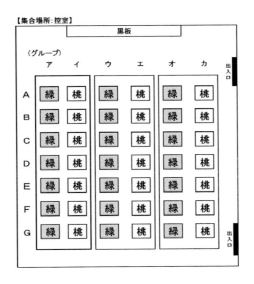

〈試験場前の待機場所及び試験場内の配置〉

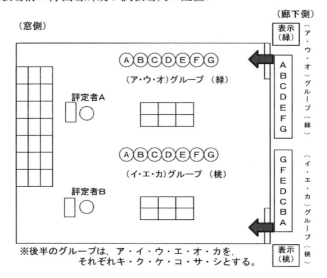

※後半のグループは，ア・イ・ウ・エ・オ・カを，
　それぞれキ・ク・ケ・コ・サ・シとする。

〈進行・時間〉

試験場内におけるグループワークの進行・時間は次のとおりです。

▼前半・ア，イ，ウ，エ，オ，カ・グループ

【課題】

□次の質問に対するグループとしての回答を決め，理由とともに発表
　しなさい。なお理由については，最も大きな理由のみを発表するこ
　と。

　　質問：「教職員によるわいせつ行為は根絶することができるか。」

【手順】

活動1：個人発表(7分)

> 受験者は，質問に対する自分の考え及びその理由を，1分間で発表する。
>
> ※発表は，受験者Aから行い，受験者B，C，・・・の順に発表すること。
>
> ※計時は，活動用の机上にある1分間が計測できる砂時計を使って行うこと。
>
> ※グループ内の全ての人が発表した後は，活動2を始めること。

活動2：グループ協議(12分)

> 活動1を参考に，質問に対する，グループとしての回答及びその理由を決める。

活動3：発表(1分)

> 活動2で決定した回答及びその理由を発表する。
>
> ※発表は，評定者の合図を受け，評定者の方を向いて行うこと。

▼後半・キ，ク，ケ，コ，サ，シ・グループ

【課題】

□次の質問に対するグループとしての回答を決め，理由とともに発表しなさい。なお理由については，最も大きな理由のみを発表すること。

　質問：「教職員によるセクシュアル・ハラスメントは根絶することができるか。」

【手順】

活動1：個人発表(7分)

> 受験者は，質問に対する自分の考え及びその理由を，1分間で発表する。
> ※発表は，受験者Aから行い，受験者B，C，・・・の順に発表すること。
> ※計時は，活動用の机上にある1分間が計測できる砂時計を使って行うこと。
> ※グループ内の全ての人が発表した後は，活動2を始めること。

活動2：グループ協議(12分)

> 活動1を参考に，質問に対する，グループとしての回答及びその理由を決める。

活動3：発表(1分)

> 活動2で決定した回答及びその理由を発表する。
> ※発表は，評定者の合図を受け，評定者の方を向いて行うこと。

・私自身，意見はあまり言えなかったが，他の人に同意を示したり，明るい表情でいたら合格していた。
・他の受験者が話しているときには，相手の方を向いてうなずきながら話を聞き，適度にまとめるようにした。
・自分の意見をきちんと話し，周囲と1つの答えにたどりつくよう話していけることができれば大丈夫だろう。
・最後にグループの意見を発表するという時間が設けられているため，その練習などもしっかり協議の時間に入れるようにした方がよいと思う。

◆実技試験(2次試験)

▼小学校全科・特支小学

【音楽課題1】

□オルガン演奏

　「バイエルピアノ教則本」の51番から103番までの曲の中から1曲を選び，オルガンで演奏しなさい。なお，楽譜を見ながら演奏してもよいこととします。

【音楽課題2】

□歌唱

　次の2曲の中から1曲を選び，歌唱しなさい。なお，楽譜を見ながら歌唱してもよいこととします。

〈前半グループ〉

・ふじ山

・こいのぼり

〈後半グループ〉

・夕やけこやけ

・スキーの歌

【音楽課題3】

□ソプラノリコーダー演奏

　次の2曲の中から1曲を選び，ソプラノリコーダーで演奏しなさい。なお，楽譜を見ながら演奏してもよいこととします。

〈前半グループ〉

・まきばの朝

・虫のこえ

〈後半グループ〉

・茶つみ

・とんび

【体育課題1】

□スタート地点から左右に素早くサイドステップし，左右にあるコーンの上部を交互にタッチすることを，連続して20秒間行いなさい。

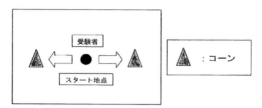

※実技は，試験官の指示により開始すること。なお，実技の回数は1
　回とする。

※実技は，右側のコーンにタッチすることから行うこととする。

【体育課題2】

□資料の図のスタートラインから，矢印の方向にボールを片手でドリ
　ブルしながら移動し，ゴールラインを通過しなさい。そして，向き
　を変え，一番奥のコーンめがけて，力強く片手のオーバーハンドで
　ボールを投げなさい。

※実技は，試験官の指示により開始すること。なお，実技の回数は1
　回とする。

※実技については，資料Aまたは資料Bのうち，どちらかのコースを選
　んで行うこと。

※実技は，直立姿勢で始め，直立姿勢で終了すること。

※ドリブルは，途中で手をかえてもよい。

※ドリブルは，途中で休止せず，連続して行うこと。

※ドリブルは，ボールがコーンに接触しないように行うこと。

〈資料〉
資料A

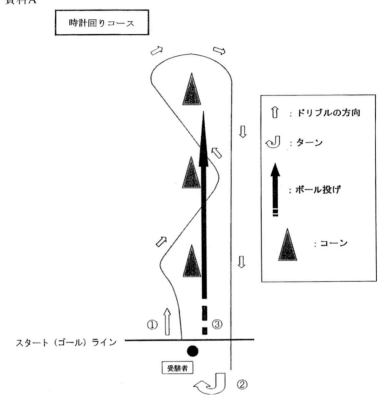

時計回りコース

⇧ : ドリブルの方向

↻ : ターン

↑ : ボール投げ

▲ : コーン

スタート（ゴール）ライン

受験者

① ② ③

資料B

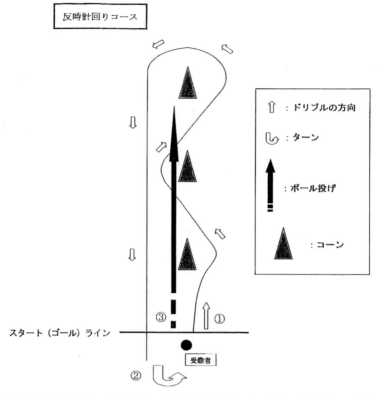

反時計回りコース

⇧ ：ドリブルの方向

↳ ：ターン

⬆ ：ボール投げ

▲ ：コーン

③

①

スタート（ゴール）ライン

受験者

②

※主な評価項目…音楽課題：音程及びリズムを正確に演奏することが
　できる　　体育課題：基本的な動きを行うことができる
・体育課題には，隔年でマットが出題されているので，来年は出るか
　もしれない。ピアノが苦手な人は早めに取り組みたい。

▼中高英語・特支中高英語
【課題】
□英語による面接
※主な評価項目…質問に対して適切に応答することができる

▼中高家庭・特支中高家庭

【調理課題】

□次の表1〜表3をもとに「中華風茶碗蒸し」「涼拌五絲(リャンバンウ
ースー)」「かまぼこの飾り切り」を調理し，盛り付け，提出しなさ
い。ただし，下の〈条件〉(1)〜(7)をすべて満たすこととします。

表1

調理名	材料		分量	備考欄
中華風茶碗蒸し	卵		30 g	
	湯（タン）		100ml	計量
	塩		1 g	計量
	とりささみ		20 g	1/4を使う。筋をとり，そぎ切りにする。
	生しいたけ		8 g	亀甲に飾り切りする。
	かいわれだいこん		2 g	
	くずあん（2人分）	湯（タン）	100ml	計量
		塩	1 g	計量
		片栗粉	2 g	計量

表2

調理名	材料		分量	備考欄
涼拌五絲（リャンバンウースー）	はるさめ		8 g	ゆでて適切な長さに切る。
	とりささみ		60 g	3/4を使う。筋をとり，ゆでて繊維方向に裂く。
	きゅうり		40 g	板ずりし，せん切りにする。
	にんじん		40 g	せん切りにし，ゆでる。
	きくらげ		2 g	戻してせん切りにする。
	合わせ酢	しょうゆ	10ml	計量
		酢	5ml	計量
		水	5ml	計量
		砂糖	2 g	計量
		ごま油	3ml	計量

表3

調理名	材料	分量	備考欄
かまぼこの飾り切り「末広」「結びかまぼこ」	かまぼこ	50 g	「末広」は，2 cm程度の厚みとし，0.3 cm厚さの切れ目を入れる。「結びかまぼこ」は，0.8 cmの厚さとする。

〈条件〉

(1) 制限時間は50分とし，使用した器具の片付けは制限時間内に行う
ものとする。

(2) 材料はすべて使用する。

(3) 熱源は1人2口とする。

(4) 表1・表2の備考欄に「計量」と示された材料については，各自で
計量する。

(5) 「中華風茶碗蒸し」と「涼拌五絲」は1人分を調理し，指示された
場所に提出する。「涼拌五絲」に使用する「合わせ酢」は，指定さ

れた容器に入れて提出する。「中華風茶碗蒸し」に使用する「くず
あん」は，調理したくずあんのうち，大さじ2杯を使用し，残りは
指定された容器に入れて提出する。

(6)　「かまぼこの飾り切り」は，表3の備考欄に示したとおりに，「末
広」と「結びかまぼこ」をそれぞれ1つ調理し，残りのかまぼこと
ともに，指定された容器に入れて提出する。

(7)　生ごみは，制限時間終了後に試験官の点検を受けて捨てる。

【被服課題】

□次の〈デザイン図〉を見て，はっぴの部分標本を製作しなさい。た
だし，下の〈条件〉(1)～(13)をすべて満たすこととします。なお，
縫う順序は問いません。

〈デザイン図〉

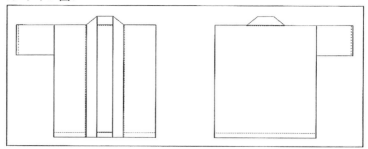

〈条件〉

(1)　材料は次のものを使用する。

　　　型紙3枚，布1枚，ミシン用糸(赤色)，手縫い用糸(赤色)

(2)　型紙を布目の方向に合わせ，配置する。

(3)　縫いしろの分量をとって裁ち切り線のしるしを付ける。

(4)　布を裁断する。

(5)　できあがり線のしるしを付ける。

(6)　右そで口は中折り1cm，できあがり1cmの三つ折りにする。

(7)　右そでと身ごろをミシンで縫い，縫いしろを割る。

(8)　右そで下をミシンで縫い，縫いしろを割る。

(9)　右そで口は，針目間隔1cm程度の三つ折りぐけをする。

(10)　左右の脇をミシンで縫い，縫いしろを割る。

(11)　すそは中折り1cm，できあがり3cmの三つ折りにする。

(12)　すそは0.2cmの端ミシンをかける。

(13)　衿を見ごろにミシンで縫いつけ，衿を表に返し，衿ぐりに落と
　　　しミシンをかける。

※主な評価項目…用具の使用方法や調理及び製作の技術が適切である

▼中学技術

【木材加工課題】

□準備された材料と工具を用いて，次の等角図をもとに「ブックスタ
　ンド」を製作しなさい。なお，部品の厚さはすべて12mmとし，部
　品どうしの接合は，すべてつぶしくぎによるかくしくぎの方法で接
　合することとします。

※注意事項：準備されたもの以外は使用できないものとする。

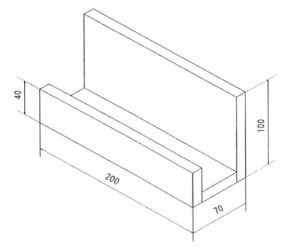

【金属加工課題】

□次の図1は「ちりとり」を等角図で，図2は展開図で表したものです。
　準備された材料と工具を用いて，図1及び図2を基に「ちりとり」を
　製作しなさい。ただし，ふちは外側に折り返し，接合部ははんだづ

177

けすることとします。また，方眼の1目盛りの大きさを5mmとします。

※注意事項：準備されたもの以外は使用できないものとする。

図1

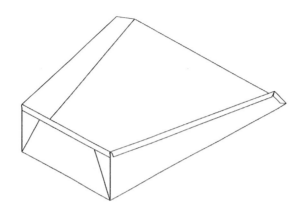

図2

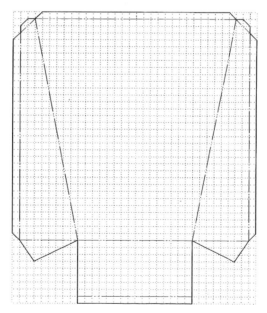

※主な評価項目…工具の使用方法は適切である

・金属加工課題では，折り曲げ加工とフラックスに気を付けたい。

▼中高音楽・特支中高音楽

【課題1】

□視唱

中学…「コンコーネ50番」より8番を視唱(階名唱)しなさい。

高校…「コンコーネ50番」より16番を視唱(階名唱)しなさい。

【課題2】

□箏による独奏

平調子で演奏できる自作以外の任意の曲(2〜3分程度)を暗譜で演奏

【課題3】

□自らのピアノ伴奏による歌唱(弾き歌い)

次の7曲の中から一曲選択し，暗譜で演奏

(1) 「赤とんぼ」　　三木露風作詞　山田耕筰作曲

(2) 「荒城の月」　　土井晩翠作詞　滝廉太郎作曲

(3) 「早春賦」　　　吉丸一昌作詞　中田　章作曲

(4) 「夏の思い出」　江間章子作詞　中田喜直作曲

(5) 「花」　　　　　武島羽衣作詞　滝廉太郎作曲

(6) 「花の街」　　　江間章子作詞　團伊玖磨作曲

(7) 「浜辺の歌」　　林　古渓作詞　成田為三作曲

【課題4】

□ピアノ演奏

自作以外の任意の曲を暗譜で演奏

※主な評価項目…音程及びリズムを正確に演奏することができる

▼中高保体・特支中高保体

【課題1】

□領域「器械運動」の「マット運動」を行います。

　ロングマットの端から，「倒立前転」，「開脚前転」，「側方倒立回転」

179

の順に，技を連続して行いなさい。試技は1回とします。実技開始の前に一度練習を行うことができます。

【課題2】

□領域「水泳」の「平泳ぎ」を行います。

　　水中からスタートし，平泳ぎで25m泳ぎなさい。実技は1回とします。

【課題3】

□領域「球技」の「ネット型　バレーボール」を行います。

1　直上で，オーバーハンドパスを連続して20秒間行いなさい。ボールが頭上1m以上上がるように行いなさい。実技は1回とします。

2　直上で，アンダーハンドパスを連続して20秒間行いなさい。ボールが頭上1m以上上がるように行いなさい。実技は1回とします。

【課題4】

□領域「武道」を行います。

1　「剣道」を行います。中段の構えから，前進後退の送り足で「上下振り」を連続して8回行いなさい。ただし，前進する際に1回，後退する際に1回，「上下振り」を行いなさい。実技は1回とします。実技開始の前に一度練習を行うことができます。

2　「柔道」を行います。長座の姿勢から両腕で「後ろ受け身」を4回行いなさい。実技は1回とします。実技開始の前に一度練習を行うことができます。

【課題5】

□領域「ダンス」の「創作ダンス」を行います。

　　次の要領でダンスを創作しなさい。実技は1回とします。実技開始の前に50秒間練習を行うことができます。

　　テーマ・・・・・風

　　実技時間・・・・50秒間

　　動ける範囲・・・約25㎡(縦約5m×横約5m)

※主な評価項目…正確なフォームで運動を行うことができる

▼中高美術・特支中高美術

【課題】

□次の1・2の制作上の条件に従って,「節水」をテーマとしたポスターをデザインし,画用紙に表現しなさい。また,制作した作品の表現意図及び表現の工夫を書きなさい。なお,受験番号と氏名を画用紙の裏側に書きなさい。

1　画用紙に文字は入れない。

2　水彩画用具,ポスターカラーで着彩して表現する。

※主な評価項目…表現意図に応じた表現の工夫が効果的である

▼高校書道・特支高等書道

【課題1】

□資料1の書跡を臨書しなさい。用紙は,指定の半紙を縦向きに使いなさい。落款は入れないものとします。受験番号と氏名は,鉛筆で左下隅に書きなさい。

【課題2】

□資料2の書跡を,1行で臨書しなさい。用紙は指定の半切(35cm×135cm)を縦向きに使いなさい。落款は「花子臨」と書き,姓名印の押印位置を赤色のペンで示しなさい。受験番号と氏名は,鉛筆で左下隅に書きなさい。

【課題3】

□資料3の短歌を使い,大字仮名作品を1点作りなさい。用紙は指定の半切(35cm×135cm)を縦向きに使いなさい。漢字と仮名の交換は自由とします。落款は印のみとし,押印位置に赤色のペンで示しなさい。受験番号と氏名は,鉛筆で左下隅に書きなさい。

【課題4】

□資料4に示す文章を賞状用紙に書きなさい。紙は,指定の紙を横向きに使い,縦書きで体裁よく書きなさい。受験番号と氏名は,鉛筆で左下隅に書きなさい。なお,鉛筆での割り付け,字入れは消しゴムで消して提出しなさい。

【課題5】

□卒業を迎えた生徒から，記念として色紙に「先生の好きなことばを
揮毫してほしい。」と頼まれました。どのようなことばを，どのよ
うな意図を持って作品にしますか。制作カードに考えを記入した上
で，作品を作りなさい。書体と字数は，自由とします。落款は「一
郎書」と書き，姓名印の押印位置を赤色のペンで示しなさい。受験
番号と氏名は，鉛筆で左下隅に書きなさい。

【課題6】

□資料5に示す文章を，はがきに書きなさい。筆記用具は，黒または
青のボールペン，または万年筆を使いなさい。紙は指定のはがきを
使い，縦書きで体裁よく書きなさい。受験番号と氏名は，鉛筆で裏
面の左下隅に書きなさい。

〈資料1〉

著作権保護の観点により，掲載いたしません。

　自我来黄州

（「黄州寒食詩巻」による。）

〈資料2〉

著作権保護の観点により，掲載いたしません。

　鑱山浚漬路旦

（「西狭頌」による。）

〈資料3〉

秋の月 光 さやけみ紅葉ばのおつるかげさへ見えわたるかな

（「後撰和歌集」による。）

〈資料4〉

> 感謝状
>
> 八本松鉄男様
>
> あなたは十年の長きにわたりボランティアとして生徒の登下校を指導し生徒たちの安全を守り続けて来られました
>
> 本日創立記念日にあたり卒業生及び在校生一同と共に深く感謝の意を表しここに記念品を贈呈いたします
>
> 平成三十年八月十日
>
> 広島市立東西小学校
>
> 校長　堀　立子

〈資料5〉

残暑お見舞い申し上げます。ご丁寧なお見舞い状をいただき，ありがとうございました。今年の暑さはことのほか厳しいようですが，皆様いかがお過ごしでしょうか。私どもは先日，家族でみちのくを旅してきました。山にはすすきの穂もちらほらと見え，秋の気配が漂いはじめていました。まだまだ暑さ厳しい時節柄，ご家族の皆様のご健勝をお祈り申し上げます。くれぐれもご自愛ください。まずはお礼かたがたご挨拶まで。

※主な評価項目…文字の配置などの構成を考えて表現できる

▼高校情報・特支高等情報

【課題1】

□次の(ア)〜(ウ)の条件でクライアントの設定をしなさい。なお，クライアントのadministratorのパスワードは「admin」です。また，IPアドレスの下線部1XXのXXは受験番号の下2桁とします。

(ア)　IPアドレス　　　　　　　　172.17.1.1XX

(イ)　サブネットマスク　　　　　255.255.255.0

(ウ)　デフォルトゲートウェイ　　172.17.1.254

【課題2】

□ユーザ名「userXX」，パスワード「password」でログオンし，デスクトップ上に「31XX」という名前のフォルダを作成しなさい。なお，XXは受験番号の下2桁とします。

【課題3】

□次の表1～表3は，配付しているCD①に保存されている「bunkasai.xlsx」ファイル内の「シート1」，「シート2」及び「シート3」のデータです。作成条件を基に，データベースソフトウェアを利用して，テーブル，メニュー別売上集計クエリ及び日付別売上集計クエリを作成しなさい。また，表4は，メニュー別売上集計クエリによって作成される表の作成例であり，表5は，日付別売上集計クエリによって作成される表の作成例です。なお，表4・表5の「＊＊」の部分は数値を示しています。

〈作成条件〉

・完成した「bunkasai.accdb」ファイルは，課題2で作成したデスクトップ上の「31XX」フォルダに保存することとします。

・テーブルの作成は，「表1」～「表3」のデータを利用することとします。

・作成するテーブル名及びクエリ名は任意とします。

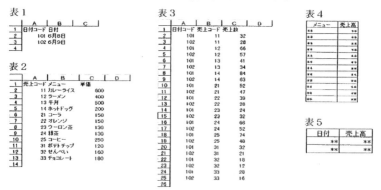

表1

	A	B	C
1	日付コード	日付	
2		101	6月8日
3		102	6月9日
4			

表2

	A	B	C	D
1	売上コード	メニュー		単価
2		11	カレーライス	600
3		12	ラーメン	400
4		13	牛丼	500
5		14	ホットドッグ	200
6		21	コーラ	150
7		22	オレンジ	150
8		23	ウーロン茶	130
9		24	抹茶	130
10		25	コーヒー	150
11		31	ポテトチップ	120
12		32	せんべい	160
13		33	チョコレート	180
14				

表3

	A	B	C	D
1	日付コード	売上コード	売上数	
2		101	11	32
3		102	11	28
4		101	12	66
5		102	12	57
6		101	13	41
7		102	13	34
8		101	14	84
9		102	14	63
10		101	21	52
11		102	21	47
12		101	22	39
13		102	22	28
14		101	23	24
15		102	23	32
16		101	24	66
17		102	24	52
18		101	25	74
19		102	25	48
20		101	31	32
21		102	31	21
22		101	32	18
23		102	32	12
24		101	33	28
25		102	33	16
26				

表4

メニュー	売上高
＊＊	＊＊
＊＊	＊＊
＊＊	＊＊
＊＊	＊＊
＊＊	＊＊
＊＊	＊＊
＊＊	＊＊
＊＊	＊＊
＊＊	＊＊
＊＊	＊＊

表5

日付	売上高
＊＊	＊＊
＊＊	＊＊

【課題4】

□次の図は，H高等学校の周辺地図をかいたものです。この図を基に，

図形処理ソフトウェアなどを利用して，H高等学校の周辺地図を作成し，ファイル名「H高等学校地図」とし，課題2で作成したデスクトップ上の「31XX」フォルダに保存しなさい。

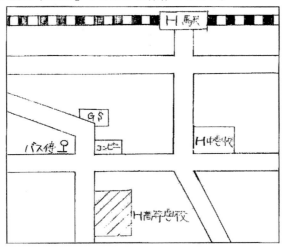

【課題5】

□次の表1は，配付しているCD①に保存されている「shiryou.xlsm」ファイル内の「シート1」のデータを示しており，表2は，「シート2」の完成例を示しています。下の作成条件を基に，「シート2」を完成させなさい。なお，表2中の「＊＊」は数値を示しています。

表1

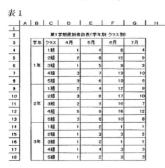

表2

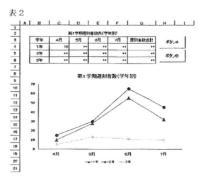

〈作成条件〉

・完成した「shiryou.xlsm」ファイルは，課題2で作成したデスクトップ上の「31XX」フォルダに保存することとします。

・「シート1」のデータを基に，関数などの機能を利用して，「シート2」の第1学期遅刻者数表(学年別)と，第1学期遅刻者数(学年別)の折れ線グラフを作成しなさい。

・第1学期遅刻者数表(学年別)の「遅刻者数合計」を基準として，降順に並べ替えるマクロプログラムを作成し，「シート2」にあらかじめ作成されている「ボタンA」に登録しなさい。

・第1学期遅刻者数表(学年別)の「学年」を基準として，昇順に戻すマクロプログラムを作成し，「シート2」にあらかじめ作成されている「ボタンB」に登録しなさい。

・作成するマクロプログラム名は任意とします。

【課題6】

□次の構成図に従って，CD②に保存されているデータを活用し，A高等学校のWebページを完成させなさい。ただし，作成に当たっては下の条件を満たすこととします。なお，完成させたWebページは，課題2で作成したデスクトップ上の「31XX」フォルダに保存しなさい。

〈構成図〉

〈条件〉

・「TOP」，「校長挨拶」，「部活動」，「アクセス」のそれぞれのページには，CD②に保存されているデータを活用し，次のア～エの下線部のデータを挿入すること。

ア　「TOP」：<u>文字及び写真</u>

イ 「校長挨拶」：<u>文字</u>
ウ 「部活動」：<u>文字及び表</u>
エ 「アクセス」：<u>文字及び地図</u>

・「TOP」のページと「校長挨拶」，「部活動」，「アクセス」のそれぞれのページとを相互にリンクさせること。
・「平成30年度短期留学プログラム保護者説明会」は，「TOP」のページからダウンロードできるように設定すること。

※主な評価項目…情報及び情報技術を適切に活用することができる

▼高校農業・特支高等農業

※それぞれの実技の制限時間は4分とします。

【課題1】

□草花のセル成型苗があります。机上に用意してある道具の中から適切な物を用いて，3号ポリポットに鉢上げしなさい。なお，この場での潅水は行わないこととします。作業が終了したら，試験官に報告すること。

【課題2】

□刈払機のプラグ交換を行うこととします。机上に用意してある工具の中から適切な物を用いて，刈払機のプラグを交換しなさい。ただし，エンジンはかけないこととします。作業が終了したら，試験官に報告すること。

【課題3】

□果実の生育調査を行うために，縦径と横径を測定することとします。ノギスを適切に用いて，果実の縦径と横径を測定し，測定値を記入しなさい。なお，測定が終了したら，試験官に報告すること。

【課題4】

□ブドウの糖度を測定することとします。机上の屈折糖度計を用いて，ブドウの果実糖度(%)を測定し，測定値を記入しなさい。なお，測定が終了したら，屈折糖度計を適切な手順で片付けなさい。作業が終了したら，試験官に報告すること。

【課題5】

□接眼ミクロメータで酵母細胞の大きさを測定します。机上の顕微鏡
　及び接眼ミクロメータを用いて酵母細胞の大きさを測定し，測定値
　を記入しなさい。ただし，観察する倍率は400倍，接眼ミクロメー
　タの1目盛は10μmとします。測定が終了したら，試験官に報告する
　こと。

※主な評価項目…農業資材，器具等の使用方法が適切である

▼高校工業(機械)

【課題】

□次の図は，加工する品物の設計図を示しています。下の1・2に答え
　なさい。

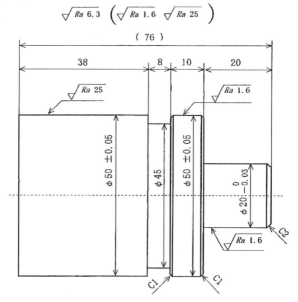

(1)　設計図を基に，解答用紙の作業内容について，作業を行う順番を
　番号で書きなさい。なお，解答用紙は2枚あり，作業を行う内容を
　解答用紙2枚にそれぞれ記入し，1枚を試験監督者に提出しなさい。

　　ただし，解答用紙に示した※の作業内容については，2回行う作業
　内容を示しています。

(2)　設計図を基に，普通旋盤と準備された工具等を使用して，炭素鋼
　丸棒(S45C)を加工しなさい。ただし，指示のない面取りはすべて糸
　面取り(C0.1～0.3)とし，寸法公差が指定されていない場合の寸法公
　差は±0.3とします。

　　　解答用紙

作業順序	作業内容
1	材料の固定（チャッキング）
	※外径黒皮削り
	※外径黒皮削り
	※外径φ50の荒加工
	※外径φ50の荒加工
	外径φ50，L=38[mm]の外径仕上げ
	外径φ45の荒加工
	外径φ45，L=8[mm]の外径・端面仕上げ
	※外径φ50の糸面取
	※外径φ50の糸面取
	外径φ50，L=10[mm]の外径仕上げ
	外径φ50，L=10[mm]の端面仕上げ
	※C1の面取り加工
	※C1の面取り加工
	C2の面取り加工
	端面加工（φ50側）
	端面の仕上げ加工（φ50側）
	端面加工（φ20側）
	端面の仕上げ加工（φ20側）
	外径φ20の荒加工
	外径φ20　L=20[mm]の仕上げ加工
	材料の掴みかえ
	センタ穴加工（φ50側）
	センタ穴加工（φ20側）

　　　※の作業内容については，2回行う作業内容を示しています。

※主な評価項目…機械，工具等の使用方法が適切である

▼高校工業(電気)

【課題1】

□次の図1は，生徒が作品を作る際に配布された配線工事の配線図で
あり，図2は，図1を基に生徒が複線図にかきかえたものを示してい
ます。支給された生徒作品例は図を基に正しく作られていないため，
誤りがみられます。図1，図2及び後の〈施工条件〉(1)～(5)を基に，
支給された生徒作品例の誤った部分をすべて指摘し，その内容を簡
潔に書きなさい。なお，この生徒は初めてすべての配線工事を完成
させたこととします。

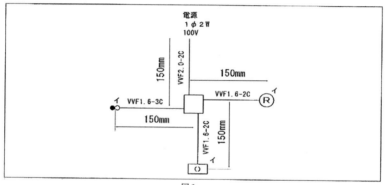

図1

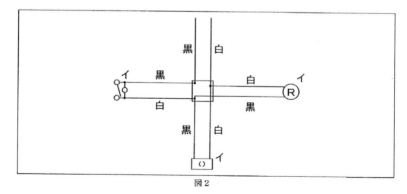

図2

〈施工条件〉

(1) 配線及び器具の配置は，図1に従って行うこととします。

(2) 確認表示灯(パイロットランプ)は，常時点灯とします。

(3) 電線の色別指定(ケーブルの場合は絶縁被覆の色)は，次のア～ウの条件によることとします。

　ア　100V回路の電源からの接地側電線は，すべて白色を使用すること。

　イ　100V回路の電源から点滅器までの非接地側電線は，すべて黒色を使用すること。

　ウ　次の①・②の器具の端子には，白色の電線を結線すること。

　　①　ランプレセプタクルの受金ねじ部の端子

　　②　引掛シーリングローゼットの接地側極端子(Wと表示)

(4) 図1のジョイントボックス部分を経由する電線は，その部分ですべて接続箇所を設け，電線接続は差込形コネクタによる接続とします。

(5) ランプレセプタクルの台座及び引掛シーリングローゼットのケーブル引込口は欠かずに，下部(裏側)からケーブルを挿入することとします。

【課題2】

□次の図は，低圧配線工事の配線図を示しています。後の1・2に答えなさい。

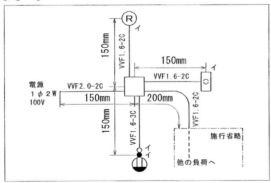

注₁：　図記号は，原則として JIS C 0303 : 2000 に準拠し，作業に直接関係ない部分は省略又は簡略化しています。

注₂：　Ⓡ はランプレセプタクルを示しています。

1　図及び次の〈施工条件〉(1)～(5)を基に，複線図をかきなさい。

〈施工条件〉

(1)　配線及び器具の配置は，図に従って行うこととします。

(2)　確認表示灯(パイロットランプ)は，引掛シーリングローゼット及びランプレセプタクルと同時点滅とすること。

(3)　電線の色別指定(ケーブルの場合は絶縁被覆の色)は，次のア～ウの条件によることとします。

　　ア　100V回路の電源からの接地側電線は，すべて白色を使用すること。

　　イ　100V回路の電源から点滅器までの非接地側電線は，すべて黒色を使用すること。

　　ウ　次の①～③の器具の端子には，白色の電線を結線すること。

　　　①　コンセントの接地側極端子(Wと表示)

　　　②　ランプレセプタクルの受金ねじ部の端子

　　　③　引掛シーリングローゼットの接地側極端子(Wと表示)。

(4)　図のジョイントボックス部分を経由する電線は，その部分ですべて接続箇所を設け，電線接続はリングスリーブによる終端接続とします。

(5)　ランプレセプタクルの台座及び引掛シーリングローゼットのケーブル引込口は欠かずに，下部(裏側)からケーブルを挿入することとします。

2　図を基に，準備された工具及び材料を使用し，〈施工条件〉に従って低圧屋内配線工事を完成させなさい。ただし，配線図中の─·─·─で示した部分は施工省略とします。

※主な評価項目…配線，器具の配置が適切である

▼高校工業(建築)／特支高等工業(建築)

【課題】

□準備された工具を正しく使用し，後の図1～図4を基に木材を加工しなさい。ただし，加工する材は「桁」70mm×50mm×400mm，「束」

50mm×50mm×400mm，「梁」50mm×50mm×700mmとします。また，後に示した仕様を参考にし，「梁」の長さを「桁」の上端心墨と「束」の側面心墨の間で500mmとなるようにし，図中の△で指定された箇所を釘打ちしなさい。

〈使用工具〉

・片刃のこぎり(横びき，縦びき)　・のみ(24mm，15mm)

・かんな　・さしがね

・けびき　・スコヤ

・墨壺　・墨さし

・雑巾　・げんのう

・きり　・ポンチ

〈仕様〉

(1)　墨付け

・加工に必要な墨はすべて付け残す。

・墨付けは，墨さしを使用する。なお，けびきした上に墨入れを行ってはならない。

・芯墨は墨壺で墨打ちとする。また，芯墨以外の部分はさしがねで墨付けしてもよい。

・各仕口部分の寸法は，図1〜図4のとおりとする。

(2)　加工

・材料の木口は，両端を切断して使用する。

・仕口及び切断面木口部分には，面取り等の必要な処置を施すものとする。ただし，梁の先端部分は面取りをしなくてもよい。

・けびきについては，墨付けの上から加工のため使用してもよい。また，芯出しの際に使用してもよい。

(3)　組立て

・加工した材料を組み立てる際に，材料の一部をたたいてつぶし接合しやすくすることはよいが，材料を水にぬらすことは禁止する。

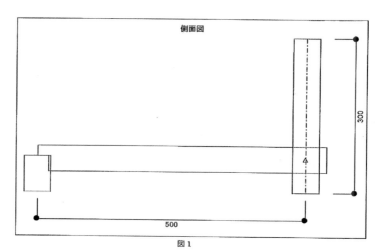

図1

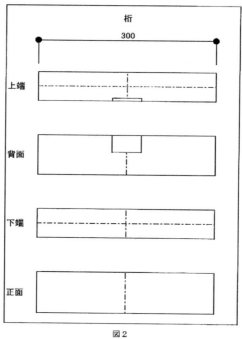

図2

194

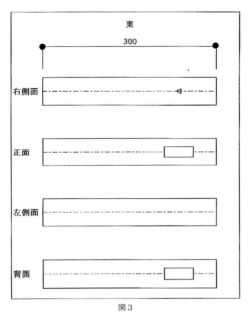

図 3

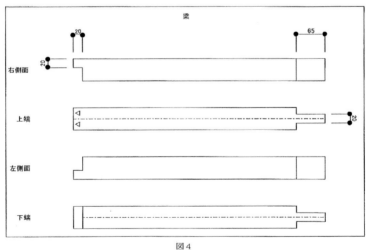

図 4

※主な評価項目…器具等の使用方法は適切である

▼高校工業(土木)

【課題】

□下の図は，3つの測点A，B及びCの閉合トラバースを模式的に示し
　ています。準備された測量機器を使用して，次の1〜5の手順で，3
　測点のトラバース測量を行いなさい。

1　3つの測点A，B及びCの内角と各測点間の距離をそれぞれ測定し，
　解答用紙の「表1　野帳」に書きなさい。なお，観測は，1対回で観
　測することとします。

2　手順1で得られたデータを基に，方位角を計算し，解答用紙の「表
　2　方位角の計算書」に書きなさい。

3　手順1で得られたデータを基に，平均距離を計算し，解答用紙の
　「表3　平均距離の計算書」に書きなさい。

4　2及び3で求めた計算結果を基に，合緯距・合経距を計算し，解答
　用紙の「表4　合緯距・合経距の計算書」に書きなさい。

5　手順4で求めた計算結果を基に，閉合誤差及び閉合比を計算し，解
　答用紙の「表5　閉合誤差・閉合比の計算書」に書きなさい。

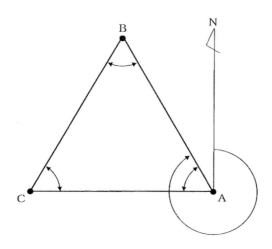

表1　野帳

測点	望遠鏡	視準点	観測角			観測距離（m）
A	正	N				
		B				
A	正	C				
		B				
	反	B				
		C				
B	正	A				
		C				
	反	C				
		A				
C	正	B				
		A				
	反	A				
		B				

表2　方位角の計算書

測点	望遠鏡	視準点	観測角	測定角	平均角	調整量	調整角	方位角
A	正	N			－	－	－	－
		B						
A	正	C						A B
		B						
	反	B						
		C						
B	正	A						B C
		C						
	反	C						
		A						
C	正	B						C A
		A						
	反	A						
		B						
計	－	－	－		－			－

表3　平均距離の計算書

測線	観測距離 （m）	平均距離 （m）
ＡＢ		
ＢＣ		
ＣＡ		
計	－	

表4　合緯距・合経距の計算書

測線	距離（m）	方位角	緯距L （m）	経距D （m）	調整量（m） 緯距 ⊿L	調整量（m） 経距 ⊿D	調整緯距 L'（m）	調整経距 D'（m）	測点	合緯距 x（m）	合経距 y（m）
AB									A	0.000	0.000
BC									B		
CA									C		
計		－									

表5　閉合誤差・閉合比の計算書

閉合誤差	閉合比
mm	————

※主な評価項目…器具等の使用方法は適切である

▼高校工業(化学工学)

【課題】

□次の1〜4の手順に従って，準備された器具や薬品を使用し，塩酸の濃度評定を行い，その測定結果を解答用紙に書きなさい。また，計算式も書きなさい。なお，濃度の単位はmol/Lとし，小数第4位を四捨五入しなさい。ただし，濃塩酸の濃度は12mol/L，原子量はH＝1.008，C＝12.011，O＝15.999，Na＝22.990とします。

1　塩酸の濃度標定を行うため，必要な器具を準備しなさい。その際，器具は指定された場所から取り出し，薬品は各自の台に用意された

ものを使用します。

2 準備した器具を洗浄しなさい。ただし，秤量びんは洗浄しないこととします。

3 炭酸ナトリウムを秤量し，炭酸ナトリウム標準溶液0.05mol/Lを調製しなさい。その際，炭酸ナトリウム標準溶液0.05mol/Lの濃度を，小数第4位を四捨五入して求め，書きなさい。また，計算式も書きなさい。なお，濃度の単位はmol/Lとします。

4 塩酸0.1mol/Lを調製しなさい。また，作製した炭酸ナトリウム標準溶液0.05mol/Lを塩酸0.1mol/Lで3回滴定し，塩酸0.1mol/Lの濃度を，小数第4位を四捨五入して求め，書きなさい。また，計算式も書きなさい。なお，濃度の単位はmol/Lとします。

※主な評価項目…薬品や器具等の使用方法が適切である

▼高校工業(インテリア)

【課題】

□次の図は，家具製作における基本的な継手の設計図を示しています。図を基に，用意された工具を用いて継手を作成しなさい。ただし，罫書きについては自身のシャープペンシルまたは鉛筆を用いてもよい。

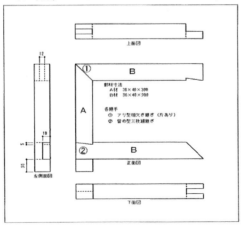

※主な評価項目…器具等の使用方法は適切である

199

▼高校商業

【課題1】

□後の1〜10の取引について，それぞれ仕訳を示しなさい。なお，勘定科目は，後の語群の中から最も適当なものを使用しなさい。ただし，勘定科目は，何度使ってもよいこととします。

語群

現　　　　金	当 座 預 金	普 通 預 金	受 取 手 形
売 　掛 　金	商品保証引当金	売買目的有価証券	満期保有目的債券
子 会 社 株 式	その他有価証券	不 渡 手 形	土　　　　地
貯 　蔵 　品	車両減価償却累計額	仮払法人税等	受 取 配 当 金
未 払 配 当 金	未 　払 　金	支 払 手 形	社　　　　債
資 　本 　金	資 本 準 備 金	利 益 準 備 金	別 途 積 立 金
減 価 償 却 費	創 　立 　費	株 式 交 付 費	商 品 保 証 費
有 価 証 券 利 息	社 債 利 息	支 払 利 息	有価証券評価益
繰越利益剰余金	租 税 公 課	営業外受取手形	土 地 売 却 益

1　会社の設立に当たり，発行可能株式総数10,000株のうち4,000株を1株当たり¥3,000の価額で発行し，その全額の引受けと払込みを受け，払込金は当座預金とした。なお，払込金の6割の金額を資本金とする。

2　帳簿価額¥15,000,000の土地を¥20,000,000で売却し，売買代金の60％は当座預金に入金され，残額は6か月後を支払期日とする手形で受け取った。

3　8月24日，売却目的の有価証券として，他社が発行する額面総額¥1,200,000の社債(利率は年0.40％，利払日は3月末と9月末)を額面¥100につき¥99.50の裸相場で買い入れ，代金は直前の利払日の翌日から本日までの期間に関わる端数利息とともに小切手を振り出して支払った。なお，端数利息の金額については，1年を365日として日割りで計算する。

4　株式会社A運輸は，決算に当たり保有している大型トラックの減価償却を生産高比例法にて行う。記帳は間接法によること。なお，当該トラックの取得原価は¥40,000,000　残存価額は取得原価の10％，総走行可能距離は400,000km，当期の走行距離は50,000kmであった。

5　当座預金口座に，B商会の株式に対する期末配当金¥320,000(源泉所得税20％を控除後)の入金があった旨の通知があった。

6　前期に保証書をつけて販売した商品について無償修理の依頼があり，貯蔵品に計上されている修理用部品を使用した分の修理費用合計¥1,750,000が発生した。なお，前期末に計上した商品保障引当金の残高は¥1,500,000であった。

7　取引先の発行済株式の10％を所得価額¥5,000,000で所有していたが，追加で50％を所得し取引先に対する支配を獲得することになり，代金¥22,000,000を普通預金から支払った。

8　かねて得意先より裏書譲渡されていた約束手形¥100,000が不渡りとなったので，得意先に対して手形代金の償還請求を行った。なお，償還請求にともなう費用¥5,000は現金で支払った。

9　固定資産税¥3,200,000(これを4期に分けて分納)の納税通知書と土地の取得原価に含める不動産取得税¥1,500,000の納税通知書を受け取り，これらを未払計上した。

10　定時株式総会を開催し，繰越利益剰余金¥4,200,000の処分を次のとおり決定した。なお，資本金は¥80,000,000　資本準備金は¥12,000,000　利益準備金は¥7,600,000であり，発行済株式数は4,000株である。

株主配当金：1株につき¥800　　利益準備金：会社法が定める金額
別途積立金：¥500,000

【課題2】

□次の資料は，広島商事株式会社の備品の取引を示したものです。資料を基に，下の1〜6に答えなさい。なお，備品の減価償却は残存価額をゼロとして定額法によって行い，期中に備品を取得した場合の減価償却費は月割りで計算することとします。また，会計期間は1年(決算日は12月31日)であり，総勘定元帳は英米式決算法によって締め切ることとします。

資料

備品Ａ	平成28年1月1日に現金で購入した。(取得原価￥250,000　耐用年数5年) 平成29年1月1日に￥150,000で売却し、代金は現金で受け取った。
備品Ｂ	平成28年1月1日に現金で購入した。(取得原価￥420,000　耐用年数8年) 平成30年1月1日に除却した。なお、見積処分価額は￥80,000であった。
備品Ｃ	平成28年10月1日に現金で購入した。(取得原価￥200,000　耐用年数4年)

1　備品Aについて、平成29年1月1日における売却損の金額はいくらですか。求めなさい。

2　備品Bについて、平成30年1月1日における除却損の金額はいくらですか。求めなさい。

3　備品Bの減価償却について、定額法に代えて200％定率法(償却率年25％)で行っていた場合、平成30年1月1日における備品Bの除却損の金額はいくらですか。求めなさい。

4　平成28年度(平成28年1月1日〜同年12月31日)における備品の減価償却費の総額はいくらですか。求めなさい。

5　平成29年度(平成29年1月1日〜同年12月31日)における備品の減価償却費の総額はいくらですか。求めなさい。

6　平成29年度(平成29年1月1日〜同年12月31日)における備品勘定及び備品減価償却累計額勘定への記入を行いなさい。

〈解答用紙〉

備　　　　品

日　付		摘　要	借　方	日　付		摘　要	貸　方
29	1　1	前期繰越		29	1　1		
					12　31		

備品減価償却累計額

日　付		摘　要	借　方	日　付		摘　要	貸　方
29	1　1			29	1　1	前期繰越	
	12　31				12　31		

【課題3】

□次の資料は、A商事株式会社の直接原価計算方式による当年度の損益計算書を示したものです。資料を基に、下の1〜5に答えなさい。ただし、平均変動費率及び年間固定費については、次年度も当年度

と同様であることとします。

資料

損 益 計 算 書

〔単位：万円〕

売　　　上　　　高	10,000
変 動 売 上 原 価	6,200
変 動 製 造 マ ー ジ ン	3,800
変 動 販 売 費	300
貢 献 利 益	3,500
製 造 固 定 費	1,900
固定販売費及び一般管理費	900
営 業 利 益	700

1　損益分岐点の売上高はいくらですか。求めなさい。

2　安全余裕率はいくらですか。求めなさい。ただし，パーセントの小数第1位未満を四捨五入しなさい。

3　損益分岐点の売上高を200万円引き下げるためには，固定費をいくら減少させる必要がありますか。求めなさい。

4　営業利益を現在よりも700万円増加させ，1,400万円とするために必要な売上高はいくらですか。求めなさい。

5　売上高を現在よりも600万円増加させた場合，それにともなって営業利益はいくら増加しますか。求めなさい。

※主な評価項目…帳簿作成技術が適正である

▼高校看護

【課題】

□口腔・鼻腔内に分泌物の貯留があり，自力で喀出が困難な成人の患者に対して，口腔・鼻腔内吸引を実施しなさい。なお，実技の時間は10分以内とし，口腔・鼻腔内吸引の実際は，吸引シミュレータで行うものとします。

※主な評価項目…看護技術が適切である

▼高校福祉

【課題】

□次の事例の高齢者に対して，ベッドに臥床している状態のまま，下シーツを新しいシーツに交換しなさい。なお，実技の時間は10分以内とし，窓は開ける必要はありません。

〈事例〉

　Aさんは，84歳の女性です。左片麻痺があり，日常生活において全て介助が必要です。聴力については，難聴がありますが，ある程度聴き取ることができます。会話については，少しゆっくり話すことで，意思疎通を図ることができます。

※主な評価項目…介護技術が適切である

▼養護教諭

【課題1】

□児童が休憩時間中に，鉄棒から落下した際に，左手を地面についてしまいました。左手首に骨折の疑いがあります。三角巾3枚，適切な副子2枚を使用して，患部を固定しなさい。実技の時間は3分間とします。

【課題2】

□熱中症の疑いのある生徒が保健室に来室しました。その生徒は，顔面蒼白で，脈は弱く，頭痛と倦怠感と吐き気を訴えています。この生徒に対して，救急隊が到着するまでに必要な救急処置をしなさい。実技の時間は3分間とします。

※主な評価項目…傷病応じた処置が適切である

・問題文は口頭で読まれるだけなので，ポイントを聞き逃さないようにしたい。

◆個人面接A・B(2次試験)　面接官2人　各25分

※現職教員を対象とした特別選考受験者の面接時間は，各30分間である。

※個人面接Bでは，面接に入る前にアンケートを10分間で記入する。

▼小学校全科

【質問内容】

〈面接A〉

□小学校教諭を志望した理由

□尊敬する先生はいるか。

□これまで部活動経験はあるか。

　→その中で失敗したことはなにか。

　→部活動の詳しい活動について，説明しなさい。

□教員の不祥事について，なぜ起こると思うか。

□夏休み終わりに，登校しぶりから命を絶つ子どももいるが，いのちを大切にするということを教えるためにどうするか。

　→それはどの教科で教えるか。

　→日々の授業があるため，準備をする時間がない場合，どうするか。

□これまでの小学校から大学までの学校生活において，印象に残っていることはなにか。

　→そこからなにを学んだか。

□教育実習中，困った子どもはいたか。

　→どう対応すればよいと思うか。

□(幼児教育を学んでいたことから)幼稚園と小学校の違いはなにか。

□保護者にどのように対応するか。

　→それでも共感しにくい人がいたら，どうするか。

□あなたの目指す教師像はどのようなものか。

□あなたの強みはなにか。

□最後にアピールしたいことはあるか。

〈面接B〉

□取得免許状況
□単位取得状況
□「是正指導」とはなにか知っているか。
□これまでの最大の失敗はなにか。
□在学している大学の所属学科について
□教師に必要な資質はなにか。
　　→それをどのようにして行うか。
□部活動について
　　→人間関係のトラブルはあったか。
□これまでで挫折した経験はあるか。
□小学校教諭を志望した理由
□(アンケートの「希望は，市・県・どちらでもいい」を答える欄で
　「どちらでもいい」と回答したため)「どちらでもいい」とあるが，
　その理由を答えなさい。
□(アンケートより)ピアノはいつからしているのか。
　　→これまでの教育実習でピアノをした経験はあるか。
□教員の不祥事について，どう考えるか。
　　→広島県の教員の不祥事について，話を聞いたことはあるか。
　　→なぜそのようなことが起こるのか。
□コミュニケーション能力について，あなたはある方だと思うか。
　　→コミュニケーションをする際に気を付けていることはなにか。
□第2学期始業式の学級で，どのような話をするか。なお，学年設定
　は自由にして構わない。
〈アンケートの質問内容〉
□広島県と広島市のどちらを希望するか(市・県・どちらでもいい，か
　ら選択する)。また，広島県・広島市の教育施策を踏まえて，そこ
　であなたが教師として実践したいことはなにか，説明しなさい。
□最近，あなたがストレスを感じたことはなにか。また，自分なりの
　ストレス解消法として，どのようなものがあるか。それぞれ説明し
　なさい。

▼小学校全科

【質問内容】

〈面接A〉

□大学院に進学した理由

□小学校教員には英語の授業が苦手な人が多いが，児童に文法ばかり
　教える教員がいた場合，どうするか。

□あなたがクラス担任になったとき，どんなクラスにしたいか。

□あなたの長所と短所はなにか。

□いじめが起きた場合，どうするか。

□「主体的・対話的で深い学び」をどのようにして実践するか。

□いつから小学校の先生になりたいと思ったか。

□今日の面接のできは何点と思うか。

〈面接B〉

□学歴，免許，留学先等の確認

□ストレス解消法について詳しく説明しなさい。

□対人関係で苦労した経験はあるか。

□日本人に足りないと感じることはなにか。

□教育実習の中で一番苦労したことはなにか。

□人生最大の決断をしたのはどのようなことか。

□ものごとを決断するとき，周りに相談するか，それとも自分だけで
　決めるか。

□教員になると決断したとき，周りには相談したか。

〈アンケートの質問内容〉

□広島県と広島市のどちらを希望するか。

□あなたの理想の教師像はどのようなものか。説明しなさい。

□ストレスを感じたとき，どのようにして解消するか。説明しなさい。

・面接Aでは，自己PRの内容について詳しく聞かれた。

▼小学校全科

【質問内容】

〈面接A〉

□志望理由

□部活動の経験について，あなたはどのような役職を担っていたか。また，そこで大変だったことはなにか。

　　→その困難をどう乗りこえたか。

□ボランティア活動について，どのようなことをしたか。

　　→そこで一番感動したことはなにか。

□教員になってしてみたいことはなにか。その理由も合わせて述べなさい。

　　→他にどんなことをしてみたいか。

〈面接B〉

□あなたは広島市を希望しているが，広島県での採用でもよいか。

□部活動の経験について，あなたはどのような役職を担っていたか。また，そこで大変だったことはなにか。

　　→その困難をどう乗りこえたか。

□自己PR(1分)

□あなたは周りからどんな人と言われるか。

　　→その自覚はあるか。

□あなたの長所と短所はなにか。

・圧迫面接ではなく，面接官はニコニコしながら話を聞いてくれる。安心してリラックスして答えるのが大切だ。

・面接官は受験者の人柄を見ている。答える内容よりも受け答えが大切だ。

▼小学校全科

【質問内容】

〈面接A〉

□小学校教員を志した理由

□あなたにとって記憶に残っている先生のエピソードを教えてください。

□教育実習に行ってみて，どうだったか。
□今日の試験に向けて，なにをしてきたか。
□部活動の経験はあるか。
□友人関係におけるトラブルを経験したことはあるか。
　　→そのとき，どのような対応をしたか。
　　→どんな人に相談したか。
□保護者への連絡を行うために電話をかけたが，つながらなかった。
　　そのとき，どうするか。
□児童が学習するにあたって大切にすべきことはなにか。
□最後に，自己PRをしてください。
〈面接B〉
□自己PRのことについて質問多数
□部活動での経験について
□あなたは私立小学校に行っていたが，なぜその学校に通ったのか。
□なぜ広島県を志望したか。
□なぜ小学校教諭を志したか。
□現在，なんの免許を持っているか。
□ストレス発散法はなにか。
□あなたの指導をきかない児童がいた場合，どうするか。
・面接官は，ニコニコしながら面接をしていた。

▼小学校全科
【質問内容】
〈面接A〉
□広島県を志望した理由
□併願状況について
　　→どちらの自治体も合格していたらどうするか。
□教育実習について
□部活動の経験をどう生かすか。
□ボランティア活動で学んだことはなにか。

□子どもの学ぶ意欲をかき立てるためにどうするか。

〈面接B〉

□長所と短所を踏まえて自己PRをしなさい。

□初対面の人と話す時に心がけていることはなにか。

□教師を目指したきっかけはなにか。

□部活動のことについて

□気になる教育ニュースはなにか。

□教育実習で大変だったことはなにか。

□教育実習の経験を通して，どんな教師の良さを知ったか。

□子どもが金髪で学校に来た場合，どうするか。

□いじめを未然に防ぐためにどうするか。

□学級開きで話したいことはなにか。

▼小学校全科

【質問内容】

〈面接A〉

□気になるニュースはあるか。

□熱中症対策でできることはなにか。

□志願理由

□部活動での役割はなにか。

□大学での活動について

□道徳をどのように授業するか。

□道徳の評価はどのようにするか。

□保護者から「子どもがいじめられている」と言われた場合，どう対
　応するか。

〈面接B〉

□「主体的な学び」を実現するにはどうするか。

□部活の部長をして困ったことはなにか。

　　→その解決方法はなにか。

　　→その経験から学んだことはなにか。

□お酒の不祥事についてどう思うか。
　→どう対応するか。
□子どもに学ぶ楽しさを伝えるためには，どうするか。
□教育実習で，一番印象的だった児童はどのようなものか。
〈アンケートの質問内容〉
□ストレスについて，解消方法はなにか。
□広島県と広島市のどちらを希望するか。また，そこでのあなたの理
　想の教師像はどのようなものか。説明しなさい。

▼小学校全科
【質問内容】
〈面接A〉
□現在，あなたは大学に通っているが，どんな勉強方法をしているか。
□大学のゼミのことについて
□いじめについてどう対応するか。また，保護者とどう関わるか。
□不登校についてどう対応するか。また，保護者とどう関わるか。
□授業でどのようにICTを活用するか。
□「主体的・対話的で深い学び」をどのようにして実践するか。
□プロフィールからの質問，及びそれらの教育現場での生かし方につ
　いて
〈面接B〉
□面接Aと同様の質問多数
□ストレスについて，解消方法はなにか。また，ストレスに対してど
　う向き合うべきか。
□場面指導
□教育に関する用語についての理解のしかたを問う質問

▼小学校全科
【質問内容】
〈面接A〉

□2次試験の勉強をどのくらいしてきたか。

□保護者からクレームがきた時の対応

□児童・保護者が求めている教師像とはどのようなものか。

□中・高の部活動で学んだことはなにか。

〈面接B〉

□あなたの性格を説明しなさい。

□教育実習で1番印象に残っていることはなにか。

〈アンケートの質問内容〉

□広島県と広島市のどちらを希望するか。

□あなたが最近ストレスを感じたことはなにか。説明しなさい。

・2次試験における合否基準は，面接試験の割合が大きいので，何度
　も練習しておきたい。

▼小学校全科

【質問内容】

〈面接A〉

□児童や保護者が望む教師とはどのようなものか。

□今と昔の子どもの違いはなにか。

□小学生がSNSアプリを使うことについてどう思うか。

□教員の不祥事はなぜ起こるのか。

〈面接B〉

□広島県で働きたいと思ったきっかけはなにか。

□小学校教諭になって研究していきたいことはなにか。

□教員の不祥事をなくすために，あなたはなにをするか。

▼小学校全科

【質問内容】

□志望動機

□広島県を志望した理由

□課外活動について

□教育実習で心に残っていることや，失敗したことはなにか。

□短所について，どう対応しているか。

□小学校におけるキャリア教育について，なぜ小学校でもキャリア発達を考える必要があるのか。

□教員同士でのコミュニケーションが必要な理由

▼小学校全科

【質問内容】

□最近気になったニュースはなにか。

□これまでの最大の失敗・挫折経験はなにか。

□好きな教科はなにか。

□子どもに学習習慣を身に付けさせるために，どのようなことをするか。

□あなたが初めて教壇に立ったとき，子どもの印象はどのようなものか。

□保護者との連携はどのように行うか。

・回答したことについて深掘りするように質問された。

▼中学国語

【質問内容】

〈面接A〉

□志望理由

□部活動の経験について

□特技

□長所と短所はなにか。

□ボランティア経験について

□留学で学んだことはなにか。

□教育実習で苦労したことはなにか。

□小学校英語教科化について，どう考えるか。

□道徳教科化について，どう考えるか。

□先生になったときに大切にしたいことはなにか，2つ答えなさい。

□教員の不祥事をなくすにはどうするか。

□なぜ不祥事が起きるのか。

□あなたはどんな本を読むか。

□新聞は読むか。

〈面接B〉

□自己PRをしなさい。

□執行部での活動で学んだことはなにか。

　→それを現場でどう生かすか。

□長所と短所はなにか。

□これまでで感動した経験はあるか。

□これまでで挫折を経験したことはあるか。

□学力の低い生徒に対してどう対応するか。

□いじめと不登校のない学級づくりを目指して，どんなことに取り組むか。

　→あなたの意見に対して，いくらかの教員が反対をしている場合，どうするか。

□学校に行きたくない生徒にどう対応するか。

□先生になったとき，これだけは大切にしたいことはなにか。

□生徒は教師になにを求めていると思うか。

▼中学社会

【質問内容】

〈面接A〉

□自己アピール文に基づいた質問(例：部活動指導，体罰について)

〈面接B〉

□願書に基づいた質問

□近年の教育動向に対する考え方について問う質問

□中学・高校時代に好きだった教科はなにか。

□社会に開かれた教育課程のイメージは，どのようなものか。

〈アンケートの質問内容〉
□あなたのストレス対処法はなにか。説明しなさい。
□広島県と広島市のどちらかを選び，教育政策をふまえた上で，あなたはどのような教師になりたいか。説明しなさい。

▼中学理科
【質問内容】
□広島県と広島市のどちらを希望しているか。その理由もあわせて述べなさい。
□教育実習では，どのようなことを学んだか。
□持っている資格等の確認

▼中学技術
【質問内容】
□志望理由
□ボランティア活動について
□ICTについて
□いじめについて
□英語について
□教員になったときに実践したいことはなにか。
□免許取得状況
□あなたのリフレッシュ方法はなにか。

▼中学保体
【質問内容】
〈面接A〉
□「主体的・対話的で深い学び」を取り入れた授業を，どのようにやっていくか。
□生徒指導でトラブルになったとき，どう対応するか。
□どんな学級をつくりたいか。

□自己PRをもう少し詳しく聞かせてください。

〈面接B〉

□願書の確認

□免許状の確認

□広島県と広島市のどちらを希望しているか。

□目標をもっていない生徒にどう対応するか。

□部活について，いつやっていたか。

▼高校国語

【質問内容】

〈面接A〉

□志望動機

□授業や生徒指導などについて具体的に問う質問

□表現することが苦手な生徒にどう対応するか。

□自分の考えがもてない生徒にどう対応するか。

〈面接B〉

□広島県と広島市のどちらを希望しているか。

□事前に提出していた自己PRからの質問

□自己アピールをしてください。

□教育困難校に赴任した場合，どのような指導をしたいか。

▼高校保体

【質問内容】

〈面接A〉

□大学は卒業できそうか。

□他の自治体を受験しているか。

〈面接B〉

□なぜ高校を志望したか。

　　→中学校ではダメなのか。

・面接Aでは，事務的な話を聞かれた。

▼養護教諭
【質問内容】
〈面接A〉
□なぜ養護教諭を志したか。
□広島県の教員になることを希望した理由はなにか。
□理想の教師像はどのようなものか。
□現在，あなたは大学に在学しているが，その大学を選んだ理由はな
　にか。
□アルバイトの経験から学んだことはなにか。
□最近の気になるニュースはなにか。
　　→あなたが養護教諭だったら，どう対応するか。
〈面接B〉
□中学校の養護教諭を希望しているのはなぜか。
□今までで一番がんばったことはなにか。
□部活動について
□教員免許取得に関わる単位の取得状況について
□取得見込みの免許状の確認
□ストレス発散法について
□「教育の中立性」について，知っていることはあるか。
□あなたを採用する利点はなにか。
□最後に言い残したことはあるか。
・私を担当した面接官は，「緊張していますか」などと笑顔で質問し
　てくれた。しかし，中には，圧迫感のある面接官もいたらしい。面
　接官によって面接に違いがあるよう思う。面接Bでは自己PR文の中
　から聞かれることが多かったように思う。

▼養護教諭
【質問内容】
□教育実習での成果はなにか，2つ答えなさい。
□教育実習で困ったことはなにか，2つ答えなさい。

□今の自分に足りないものはなにか。

□保護者との連携をどう行うか。

□教員の魅力はなにか。

・事務的な質問や専門性，人間性を問われる質問，事前に提出した志願書に基づいた質問がなされた。それにくわえて面接Bでは，アンケートの内容についても参考にされた。

▼特支小学

【質問内容】

□広島県を志望する理由

□教員を志したきっかけはなにか。

□長所と短所はなにか。

□挫折経験はあるか。

□特技

□免許取得状況(見込み含む)

□単位取得状況

□スポーツは好きか。

　　→現在，スポーツをしているか。

□ろう学校ではどんなことを教えたいか。

□あなたは学校は好きか。

　　→学校に行きたくないと思ったことはあるか。

□悩みの解消方法

□友人関係においてトラブルが起こった時の解決方法

□ボランティア経験について

□教育実習について

□障害について

□自己PR

〈アンケートの質問内容〉

□最近，あなたがストレスを感じたことはなにか。また，ストレス対処法はなにか。それぞれ説明しなさい。

□広島県と広島市のどちらかを選び，教育政策をふまえた上で，そこであなたが教師として実践したいことはなにか，説明しなさい。

・面接Aでは，教育に関する考え方や知識，場面指導，教育実習についての質問が中心だった。面接Bでは，自分自身のことや大学生活のことについての質問が中心だった。

▼栄養教諭

【質問内容】

□広島県と広島市のどちらを希望しているか。

□現在，就職活動はしているか。

□教職とはなにと考えるか。

□長所と短所はなにか。

□ストレス発散法はなにか。

□教育実習のできはどうか。

□食育を推進するためにはどうするか。

□現在の小学校における課題はなにと考えるか。

□自己PR(30秒間)

◆模擬授業(2次試験)　面接官3人　受験者1人　45分

※学習指導案作成を含む。

※養護教諭を除く全科で行われる。

〈試験の流れ〉

①　個人面接A(25分)終了→控室に移動

②　問題と学習指導案用紙の配布

③　学習指導案作成(30分)

④　試験場に移動

⑤　模擬授業(入退室を含む15分)

※現職教員を対象とした特別選考受験者の授業時間は，25分間である。

〈模擬授業の条件〉

・試験官の指示に従って始める。その際，模擬授業試験の校種，教科・科目等，想定する学年を述べる。

・実際の場面を想定して，作成した学習指導案に基づき，導入から授業を行う。栄養教諭受験者は，授業を展開する部分の冒頭から行う。

・試験官3名を児童生徒と想定する。児童生徒役の試験官に質問したり，発表させたりすること，教室内を移動することは可能である。

・児童生徒役の試験官が，児童生徒の立場で，適宜，質問や発言をする場合がある。

・黒板(チョーク)と定規類の使用は可能だが，それ以外のものは使用してはならない。

・終了時間になったら，試験官が終了の合図を行い，途中で打ち切る。

・模擬授業試験終了後は，「受験者の皆さんへ」以外の配布物等(学習指導案の原本，模擬授業の問題，「個人面接A・模擬授業について」)を試験官に返却する。

〈配席図〉

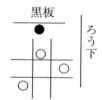

男性3名
バラバラに座ってる

▼小学校全科
【課題】
□5年生　算数「小数×整数の計算」
〈児童の特徴〉
児童A…机に伏せて寝ている。

・問題行動をとる児童がいたら，注意を忘れずに。

・予想とは違う流れになっても，落ちついて対処することを心掛けたい。

▼小学校全科

【課題】

□5年生　算数「小数のかけ算」

〈問題〉

　縦の長さが2.8mの長方形があります。横の長さが縦の長さの1.4倍のとき，横の長さは何mですか。また，横の長さが縦の0.8倍のとき，横の長さは何mですか。

〈児童の特徴〉

児童A…発表が苦手

児童B…授業に積極的に参加してくれるが理解が遅い。よく質問をしてくれる。

児童C…授業に積極的に参加してくれる。

・ほぼ毎年，算数が出題されるため，算数の指導案を書く練習をしておくとよい。

▼小学校全科

【課題】

□5年生　算数「小数のかけ算」

〈問題〉

　赤いテープは2.4mです。緑のテープは赤のテープの1.3倍，ピンクのテープは赤のテープの0.6倍です。緑のテープとピンクのテープはそれぞれ何mですか。

〈児童の特徴〉

児童A…板書中，「先生，昨日カープ見た？」と言ってきた。

児童B…授業中，「トイレに行きたい」と言ってきた。

・問題児役が多いと聞いていたので，授業練習では場面指導を多く行

うようにした。受験者によって，全く授業の邪魔をされない場合もある。指導案の書き方は練習しておくべきだ。

▼小学校全科

【課題】

□5年生　算数「小数×小数の計算」

〈問題〉

A市の面積は〇〇.〇km²です。B市の面接はA市の1.3倍で，C市はA市の0.8倍です。B市とC市の面積は，それぞれ何km²ですか。

〈児童の特徴〉

児童ABC…3人とも立式の時点でわからないような態度をしており，既存の理解が浅い設定であった。

過去の学習や振り返りなど，かみくだいて説明すると児童役から「分かった！」という反応が返ってきた。

▼小学校全科

【課題】

□5年生　算数「小数同士の足し算」

〈児童の特徴〉

児童ABC…問題行動はなく，落ち着いている

めあてまで進められなくて落ち込んでいたが，合格していた。焦らず，ゆっくり，丁寧に，板書や指導をすることが大切だ。

▼小学校全科

【課題】

□5年生　算数「小数×小数の計算」

〈問題〉

「たかしくんは走幅跳をしている。1回目は1.7m跳び，2回目はその1.2倍，3回目は0.8倍跳んだ。それぞれ何m跳んだか。」

〈児童の特徴〉

児童ABC…3人とも問題行動はなく，落ち着いている。しかし1人だけ，問いかけをしても返事がない(問題は正解している)。

▼中学国語
【課題】
□詩　吉野弘「自分自身に」
・導入で，生徒役に少しいじわるされたが，全体的に指示に従ってくれた。

▼中学社会
【課題】
□「新航路の開拓」

▼中学理科
【課題】
□「地層」
〈生徒の特徴〉
生徒ABC…積極的に発表したり，質問したりする。
・ハキハキと受け答えし，明るく対応することが大切だと思う。

▼中学技術
【課題】
□「生物育成」

▼中学保体
【課題】
□「環境への変化と体の適応」

▼高校国語
【課題】

□現代文Ｂ　村上春樹「夜中の汽笛について，あるいは物語の効用について」

〈生徒の特徴〉

生徒ABC…問題行動はなく，積極的に発言できる。

▼特支小学

【課題】

□5年生　算数「小数のかけ算」

〈児童の特徴〉

児童A…問題行動はなく，優秀。

児童B…問題行動はなく，普通。

児童C…どんな問いかけに対しても，「分からない」と言う。

▼特支中高家庭

【課題】

□家庭基礎　衣生活の分野「社会生活上の機能」

〈生徒の特徴〉

生徒ABC…3人とも問題行動はなく，落ち着いている。

▼栄養教諭

【課題】

□「五大栄養素について」

2018年度　面接実施問題

◆グループワーク (1次選考)

【共通課題】

□PRビデオの内容を考え，グループ全員でPRビデオの実演(1分間)を行う。

＜集合と解散＞

＊集合時間はグループの前半／後半で異なる(入れ替わって行われる。)。

＊午前の試験終了後，受験票に記載された時刻までに所定の試験場に集合する。

＊集合する試験場については，当日試験会場で確認を行う。

受験番号用紙の記入例

⊕上	グループ	記　号	A
緑	ア	受験番号	900001

＊グループワーク終了後，グループごとに解散する。

＜グループ分け＞

○[ア]〜[シ]の12班

　前半Gr：{ア・イ}，{ウ・エ}，{オ・カ}

　後半Gr：{キ・ク}，{ケ・コ}，{サ・シ}

○班の各メンバー7人

　A，B，C，D，E，F，G

配席図　　*前半グループの例*

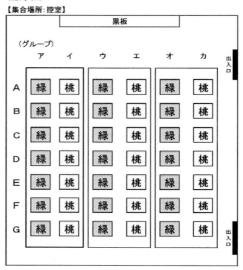

＜待機場所と試験場内の配置＞

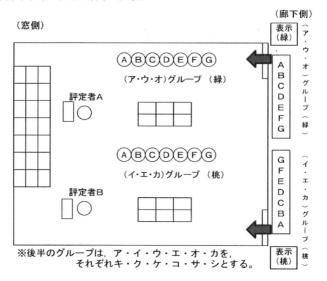

※後半のグループは，ア・イ・ウ・エ・オ・カを，
　それぞれキ・ク・ケ・コ・サ・シとする。

＊待機場所の廊下では，図のように並んで待つ。

＊後半Grは前半Grと同様に行われる。

＜課題用紙＞

●課題

　次の「場面設定」において，下の「手順」に従って，PRビデオの内容を考え，グループ全員でPRビデオの実演をしてください。

●場面設定

　近年，「仕事と生活の調和(ワーク・ライフ・バランス)」の取組を進めていくことが求められています。そこで，そのための取組の1つとして，私生活の充実がより図れるよう「おすすめのリフレッシュ方法」を伝えるPRビデオを作成することとなりました。

　グループで「おすすめのリフレッシュ方法」を検討するとともに，その「おすすめのリフレッシュ方法」を伝えるPRビデオ(1分間)を作成し実演してください。

●手順

活動1：一人演技(7分)

　受験者Aは，他の受験者に向けて，自分自身の「気持ちをリフレッシュしている私」を，一人演技で1分間，表現する。その際，活動用の机の上にある1分間が計測できる砂時計を使って，1分間を計ること。

　受験者Aの一人演技終了後，他の受験者も，受験者B，受験者C，…の順に，自分自身の「気持ちをリフレッシュしている私」を，一人演技で1分間，表現する。

※グループ内の全ての人が一人演技を終えたら，活動2を始める。

活動2：「おすすめのリフレッシュ方法」の検討及びPRビデオの内容の協議・練習(9分)

> 　活動1で，それぞれが演じた「気持ちをリフレッシュしている私」を参考に，「おすすめのリフレッシュ方法」を検討する。
> 　「おすすめのリフレッシュ方法」を伝えるPRビデオの内容を協議するとともに，グループ全員でPRビデオの練習をする。
> ※必要に応じてグループの机を動かしてもよい。

活動3：PRビデオの実演(1分)

> 　「おすすめのリフレッシュ方法」を伝えるPRビデオの実演(1分間)をする。
> ※評定者の合図を受け，評定者の方を向いて演じる準備をすること。
> ※実演は評定者の合図で開始し，砂時計で1分経ったら終了すること。
> ※PRビデオの実演が終了したら，活動4を始める。

活動4：PRビデオの改善に向けた協議(3分)

> 　活動3の「PRビデオの実演」を振り返り，次にPRビデオの実演をするための改善点を出し合い，改善策をまとめる。

●進行・時間

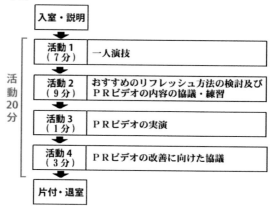

(1) グループワークの途中の時間については，次のとおり評定者が告知するので，指示に従うこと。

○10分経過時：「PRビデオの実演6分前です。」

○13分経過時：「PRビデオの実演3分前です。練習がまだできていないグループは，練習を行ってください。」

○16分経過時：「PRビデオの実演の準備をしてください。」

：「砂時計で1分経過したら，PRビデオの実演を止めて活動4に移ってください。それではPRビデオの実演を開始してください。」

(2) 試験時間終了の合図があったら，途中であっても止めること。

●留意事項

(1) この資料は，グループワークで使用するので，試験場に持って入ること。

(2) 試験場に入る前に，各自の筆記用具(メモをとるのに必要な筆記用具を1本)を準備しておくこと。

(3) この資料にメモを取ってもよい。

●片付け・退室

試験時間終了の合図の後，次のとおり片付け・退室の指示をします。

(1) 机を移動した場合は，元の位置に戻すこと。

(2) ゼッケン，受験者用資料(この資料)及び控室用資料は，各自ゼッケンのあった椅子の上に置くこと(持ち帰らないこと。)。

(3) 片付けが終了したら退室すること。

＜評価項目＞：コミュニケーション能力，協調性，柔軟性

＜受験者のアドバイス・感想＞

・自分以外の人が話をしたり演技をしているときの相づちも大切だと思った(他者の意見の尊重も大切である。)。

◆教科等実技試験 (2次選考)

▼小学校全科／特支小学部

【音楽課題】　試験官1人　受験者1人　時間10分

□1．オルガン演奏…事前に提示された課題曲より1曲自由選択。

　〔事前提示課題曲〕

　　「バイエルピアノ教則本」51番から103番まで

　　＊楽譜は見てもよい。

□2．歌唱…当日指示された課題曲より1曲自由選択。

　〔当日指示された課題曲〕

　　前半Gr：「こいのぼり」「冬げしき」

　　後半Gr：「もみじ」「ふるさと」

　　＊楽譜を見ながら歌唱してもよい。

□3．ソプラノリコーダー…当日指示された課題曲より1曲自由選択。

　〔当日指示された課題曲〕

　　前半Gr：「春の小川」「おぼろ月夜」

　　後半Gr：「ふじ山」「まきばの朝」

【体育課題】　時間10分

□1．短なわ…3つの跳び方を，リズミカルに連続して20秒間行う。

〈種目・順番〉

　①前の両足跳び→②後ろの両足跳び→③前の交差跳び

〈注意事項〉

　＊それぞれの実技は，試験官の指示により開始し，試験官の指示により終了すること。

　＊実技が中断した場合も，試験官の指示があるまで実技を続けること。

　＊前の両足跳びから始めて，前の交差跳びを行ってもかまわない。

□2．マット運動

〈種目・順番〉

　　前半Gr：①背支持倒立　　②かえるの足打ち

　　後半Gr：①かえるの足打ち　②背支持倒立

〈注意事項〉

＊それぞれの実技は，試験官の指示により開始すること。

＊それぞれの実技は，直立姿勢で始め，直立姿勢で終了すること。

＊実技の回数は1回とする。

＊背支持倒立は，倒立姿勢で3秒程度静止すること。

＊かえるの足打ちは，空中で3回程度足を打つようにすること。

＜評価項目＞

音楽…曲にあった速さ，なめらかな演奏，豊かな表現

体育…基本的な動きの能否

＜持ち物＞

○体育…体育実技のできる服装，運動靴(屋内用)

○音楽…「バイエルピアノ教則本」の任意曲の楽譜，ソプラノリコーダー

＜受験者のアドバイス・感想＞

[音楽]

・音楽，体育，各10分程度だった。

・控室で課題が提示される。本番までに見る時間は少しあるので，指使いを練習しておくとよい。

・リコーダーの楽譜には階名は書かれていない。

・試験官の表情は優しく，落ち着いてできる雰囲気だった。

[体育]

・15人程度で一斉に実技を行った。試験官は各1人だった。

・待機時間が長かった。

○短なわ

・長さは事前に調整できる。妥協せず，合うように何度でもお願いするとよい。

・連続でやるため，すごくキツかった。体力が必要。

○マット運動

・課題を絵で示された。

・各20秒ずつ行う。

・短なわで息が上がった状態でマット運動をやった。
・20秒の練習時間があった。
・1回しかチャンスがないので，練習で体力を消耗しないように注意
　した。

▼中学英語/高校英語／特支・中高英語
【課題】
□英語による面接
＜評価項目＞：質問に対する応答の適切さ

▼中学技術
【課題】
□接ぎ製作
□電子回路製作
＜課題用紙 - 接ぎ製作＞
1. 準備された材料と工具を用いて，次の図に示す打ち付け接ぎを製
　作しなさい。ただし，部品の厚さはすべて15mmとし，接合部はく
　ぎ接合とします。
　　　注意事項：準備されたもの以外は使用できないものとする。

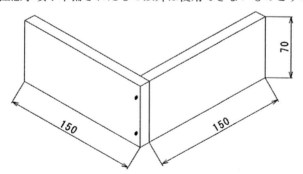

2. 準備された材料と工具を用いて，次の図1〜3に示す十字形相欠き
　接ぎを製作しなさい。ただし，接合部は木工ボンドやくぎを使用し

ないものとします。

注意事項：準備されたもの以外は使用できないものとする。

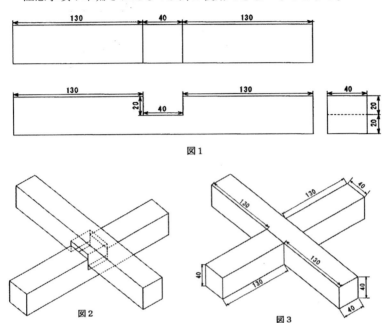

図1

図2

図3

＜課題用紙 - 電子回路製作＞

1. 準備された部品と工具を用いて，次の図に示す電子回路を完成させなさい。

注意事項：準備されたもの以外は使用できないものとする。

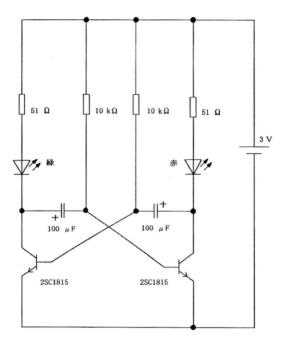

＜評価項目＞：適切な工具の使用方法

＜持ち物＞：実技のできる服装

▼中学家庭／高校家庭／特支・中高家庭

【課題】

□調理(50分)…「ムニエル」「マセドアンサラダ」「マヨネーズソース」

□被服(50分)…ポーチ製作

＜課題用紙 - 調理＞

1. 次の表1〜表3をもとに「ムニエル」「マセドアンサラダ」「マヨネーズソース」を調理し，盛り付け，提出しなさい。ただし，下の「条件」(1)〜(8)をすべて満たすこととします。

表1 （1人分）

調理名	材料	分量	備考
ムニエル	白身魚	100g	1切れ
	塩	1g	計量
	こしょう	少量	
	小麦粉	4g	計量
	バター	4g	
	サラダ油	5ml	計量
	付け合わせ		
	ピーマン	40g	1cm幅に切り，ソテーにする
	ラディッシュ	20g	2個をそれぞれ花形に飾り切りをして添える

表2 （2人分）

調理名	材料	分量	備考
マセドアンサラダ	じゃがいも	80g	1cmのさいの目切りにする
	にんじん	40g	1cmのさいの目切りにする
	きゅうり	40g	板ずりし，1cmのさいの目切りにする
	卵	50g	固ゆでにし，花切りにして添える
	サラダ菜	5g	
	マヨネーズソース	42g	調理したマヨネーズソース大さじ3杯

表3

調理名	材料	分量	備考
マヨネーズソース	卵黄	15g	1個分の卵黄
	サラダ油	90ml	計量
	酢	15ml	計量
	塩	2g	計量
	こしょう	少量	

〈条件〉

(1) 制限時間は50分とし，使用した器具の片付けは制限時間内に行うものとする。

(2) 材料はすべて使用する。

(3) 熱源は1人2口とする。

(4) 材料の扱い方は，表1〜表3の備考欄に示したとおりとする。

(5) 表1・3の備考欄に「計量」と示された材料については，各自で計量する。

(6) 「ムニエル」は1人分，「マセドアンサラダ」は2人分を調理して，

監督者から指示された場所に提出する。

(7)　「マセドアンサラダ」に使用する「マヨネーズソース」は，調理したマヨネーズソースのうち，大さじ3杯を使用する。また，残りは別容器に入れて提出する。

(8)　生ごみは，制限時間終了後に試験官の点検を受けて捨てる。

＜課題用紙 - 被服＞

1．次の「デザイン図」をもとに，ポーチを製作しなさい。ただし，下の条件(1)〜(13)をすべて満たすこととします。なお，縫う順序は問いません。

〈デザイン図〉

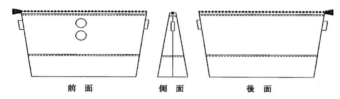

前　面　　　側　面　　　後　面

〈条件〉

(1)　材料は次のものを使用する。

　　　型紙3枚，布3枚，ファスナー1本，ボタン2つ，
　　　平ひも2本，ミシン用糸(赤色)，手縫い用糸(赤色)

(2)　型紙を布目の方向に合わせ，配置する。

(3)　縫いしろの分量をとって裁ち切り線のしるしをつける。

(4)　布を裁断する。

(5)　できあがり線のしるしをつける。

(6)　ファスナーと表袋布をミシンで縫う。

(7)　表袋布と底布をミシンで縫う。縫いしろは底布側に倒し，0.2cmの端ミシンをかける。

(8)　表袋布のタブ付け位置にタブをはさみ，表袋布と底布の脇をミシンで縫う。縫いしろを割る。

(9)　底布のまちをミシンで縫う。

(10)　裏袋布の脇をミシンで縫い，縫いしろを割る。

(11)　裏袋布のまちをミシンで縫う。

(12)　裏袋布の袋口をファスナーに，針目間隔0.7cm程度のまつり縫いでつける。

(13)　ボタンをつける。

＜評価項目＞：用具の使用方法，適切な調理及び製作の技術

＜持ち物＞：実技のできる服装

▼中学音楽／高校芸術(音楽)／特支中学部音楽/特支高等部芸術(音楽)

【課題】

□1．視唱…階名唱。事前提示課題より当日1曲を指示される。

　　〔事前提示課題〕：「コンコーネ50番」

　　〔当日指定課題〕：○中学・特支中学部…18番

　　　　　　　　　　　　○高校・特支高等部…21番

□2．箏による独奏…暗譜演奏。平調子で演奏できる任意の曲を自由選択。

　　＊平調子は一の弦をホ音又はホ音である。

　　＊任意の曲は自作以外で，2〜3分程度のものとする。

□3．ピアノ伴奏による歌唱…暗譜演奏。事前提示課題より自由選択。

　　〔事前提示課題〕

　　(1)　「赤とんぼ」　　三木露風作詞　　山田耕筰作曲

　　(2)　「荒城の月」　　土井晩翠作詞　　滝廉太郎作曲

　　(3)　「早春賦」　　　吉丸一昌作詞　　中田　章作曲

　　(4)　「夏の思い出」　江間章子作詞　　中田喜直作曲

　　(5)　「花」　　　　　武島羽衣作詞　　滝廉太郎作曲

　　(6)　「花の街」　　　江間章子作詞　　團伊玖磨作曲

　　(7)　「浜辺の歌」　　林古　溪作詞　　成田為三作曲

□4．ピアノ演奏…暗譜演奏。自作以外の任意の曲を自由選択。

＜評価項目＞：音程及びリズムを正確に演奏する能否

＜持ちもの＞：楽譜(ピアノ任意曲，箏用)，琴爪

▼中学保体／高校保体／特支・中高保体

【課題】

□1. 器械運動…マット運動(連続技)

　＊練習1回，実技1回。

　〈連続順序〉

　　①側方倒立回転→②伸膝後転→③後転倒立

□2. 水泳…クロール・平泳ぎ

　＊実技1回。

　〈連続順序〉

　　①水中スタート→②クロール25m→③ターン→④平泳ぎ25m

□3. 球技…ゴール型　バスケットボール

　＊実技1回。

　＊ドリブルが中断した場合は，中断した位置に戻り，その位置から
　　続けてドリブルを行う。

　〈連続順序〉

　　①「★1」の位置からドリブルでスタート

　　②ゴールに対して右側からレイアップシュート

　　③シュートしたボールをキャッチ

　　④ドリブルを行いながら，「★2」の位置に設置されたカラーコー
　　　ンをまわる

　　⑤ゴールに対して左側からレイアップシュート

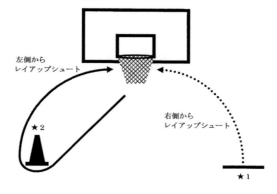

□4. 武道(柔道と剣道)

  (1)　柔道…前回り受け身(左右交互に連続4回)

　　＊左右のどちらからはじめてもよい。

　　＊実技前に練習を1度行える。実技1回。

  (2)　剣道…中断の構えからの上下振り(連続8回)

　　＊実技前に練習を1度行える。実技1回。

□5.　ダンス…創作ダンス

　　＊実技開始前に1分間練習を行える。実技1回。

　〈要領〉

　　○テーマ　　　：太陽と月

　　○実技時間　　：1分間

　　○動ける範囲：約25㎡(縦 約5m×横 約5m)

＜評価項目＞：正確なフォームで運動を行う能否

＜持ちもの＞：実技のできる服装，運動靴(屋内用，屋外用)，水泳着

▼中学美術／高校芸術(美術)／特支中学部美術／特支高等部芸術(美術)

【課題】

□表現領域「ポスターのデザイン」

＜課題文＞

1. 次の1・2の制作上の条件に従って，「緑化」をテーマとしたポスターをデザインし，画用紙に表現しなさい。なお，受験番号と氏名を画用紙の裏側に書きなさい。

  (1)　文字は書かない。

  (2)　描画材は，水彩画用具，ポスターカラーとし，画用紙全体に着彩する。

2. 1で制作した作品の「表現意図及び表現の工夫」を，解答用紙に書きなさい。

＜評価項目＞：効果的な表現意図に応じた表現の工夫

＜持ちもの＞

　実技のできる服装，水彩画用具一式，ポスターカラー又は水性アク

リル絵具，三角定規，直角定規，新聞紙1枚(下敷き用)

▼高校芸術(書道)／特支高等部芸術(書道)

【課題】

□臨書，仮名・漢字仮名交じり・漢字の書

＜課題用紙＞

※受験番号と氏名は，鉛筆で左下隅に書きなさい。

1. 資料1の書跡を臨書しなさい。用紙は，指定の半紙を縦向きに使いなさい。

　　＊落款は入れないものとします。

　　資料1

述
職

(「自書告身」による。)

2. 「景雲飛」「萬代不易」「白雲抱幽石」の3つの語句から1つを選び，扁額の作品を書きなさい。

　　＊用紙は，指定の半切(35cm×135cm)を横向きに使い，形式は縦書きとしなさい。

　　＊書体，書風は自由とします。

　　＊落款は「広子書」と書き，姓名印の押印位置を赤色のペンで示しなさい。

3. 資料2の書跡を臨書しなさい。

　　＊用紙は，指定の紙を縦向きに使いなさい。

　　＊落款は入れないものとします。

　　資料2

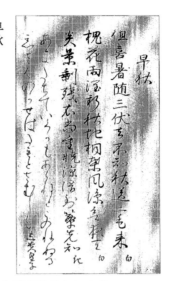

早秋

但喜暑随三伏去不知秋送二毛来　　白

槐花雨潤新秋地桐葉風涼欲夜天　　白

炎景剰残衣尚重暁涼潜到簟先知　　紀

あきたちていくかもあらねどこのねぬる

あさけのかぜはたもとさむしも　　志貴皇子

(「粘葉本和漢朗詠集」による。)

4. 三好達治の「雪」という詩を使用して漢字仮名交じりの書を書きなさい。

　＊用紙は，指定の半切(35cm×135cm)を $\frac{1}{3}$ に切って使いなさい。

　＊用紙の向き(縦向き・横向き)，形式(縦書き・横書き)，書体，書風は自由とします。

　＊詩中の「句読点」は書かないこととします。

5. 「喜」「怒」「哀」「楽」の4つの語から1つ選び，漢字の書を書きなさい。

　＊用紙は，指定の全紙(70cm×135cm)を $\frac{1}{2}$ (半截：70cm×67.5cm)に切って使いなさい。

　＊解答用紙(創作カード)に，選んだ語，作品制作の意図，表現効果，自己評価を書きなさい。

＜評価項目＞：文字の配置などの構成を考えた表現の能否

＜持ちもの＞：実技のできる服装，書道用具一式，直線定規

▼高校工業(インテリア)／特支高等部工業(インテリア)

※木材加工，インテリアに関する製図より出題

＜評価項目＞：器具等の使用方法の適切さ

＜持ち物＞実技のできる服装，定規類(三角定規，直線定規，分度器，雲形定規)，コンパス，ディバイダー，シャープペンシル(芯の太さ0.3mm及び0.5mm)又はそれに相当する鉛筆

▼高校工業(化学工業)

【課題】

□滴定

＜課題用紙＞

[1]　準備された器具や薬品を使用し，次の1～4の手順に従って実験を行い，測定結果を解答用紙に書きなさい。ただし，酢酸1molの質量は，60.05gとします。

　(1)　水酸化ナトリウム約2.5gを時計皿に秤量し，水酸化ナトリウム水溶液500mLを調製しなさい。

　(2)　手順(1)の水酸化ナトリウム水溶液25.00mLを，メチルオレンジ溶液を指示薬として0.10mol/L塩酸標準溶液で3回滴定しなさい。

　(3)　濃度未知の酢酸約20mLを，精製水で希釈して希釈酢酸250mLを調整しなさい。

　(4)　手順(3)の希釈酢酸25.00mLを，フェノールフタレイン溶液を指示薬として手順(1)で調製した水酸化ナトリウム水溶液で3回滴定しなさい。

[2]　[1]の測定結果から濃度未知の酢酸について，その濃度を計算で求め，それを解答用紙に書きなさい。その際，計算式も書きなさい。なお，小数第3位を四捨五入することとします。

（３０）　高等学校　工業科（化学工学）実技（解答用紙）

受験番号		氏　　名	

1 測定結果

0.10 mol/L 塩酸標準溶液の滴定量〔mL〕	1回目	2回目	3回目	平　均

手順1で調製した水酸化ナトリウム水溶液の滴定量〔mL〕	1回目	2回目	3回目	平　均

2 酢酸濃度

（計算式）

濃度＿＿＿＿＿＿〔%〕

＜評価項目＞：薬品や器具等の使用方法の適切さ

＜持ちもの＞：高校工業(インテリア)を参照。

▼高校工業(機械)

□金属加工

＜課題用紙＞

[1]　次の図に示した設計図を基に，普通旋盤と準備された工具等を使用して，炭素鋼丸棒(S45C)を加工しなさい。ただし，指示のない面取りはすべて糸面取り(C0.1〜0.3)とし，寸法公差が指定されていない場合の寸法公差は±0.3とします。

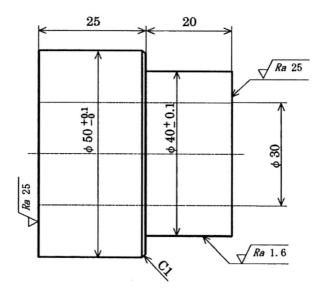

＜評価項目＞：機械，工具等の使用方法の適切さ
＜持ちもの＞：高校工業(インテリア)を参照。

▼高校工業(建築)／特支学校高等部工業(建築)
□木材加工
＜課題用紙＞

[1]　次に示す使用工具を正しく使用し，あとの図1・図2を基に「大入れあり掛け」を完成させなさい。ただし，加工する材はA材，B材

244

ともに105mm×105mm×750mmとし，下に示した仕様を参考にし，加工後の寸法をA材700mm，B材をA材の芯から600mmとなるようにすることとします。

また，加工前にB材に対しA材の芯から450mmのところに返し墨を回し，上端面に「ほぞ穴」の墨付けをすることとします。なお，「ほぞ穴」の寸法は30mm×90mmとします。

〈使用工具〉

片刃のこぎり(横びき，縦びき)	墨壺
のみ(24mm，15mm)	墨さし
かんな	雑巾
さしがね	げんのう
けびき	スコヤ

〈仕様〉

(1) 墨付け

＊加工に必要な墨はすべて付け残す。

＊墨付けは，墨さしを使用する。なお，けびきした上に墨入れを行ってはならない。

＊芯墨は墨壺で墨打ちとする。また，芯墨以外の部分はさしがねで墨付けしてもよい。

＊各仕口部分の寸法は，図1・図2のとおりとする。

(2) 加工

＊材料の木口は，両端を切断して使用する。

＊仕口及び切断面木口部分には，面取り等の必要な処置を施すものとする。

＊けびきについては，墨付けの上から加工のため使用してもよい。また，芯出しの際に使用してもよい。

(3) 組立て

＊加工した材料を組み立てる際に，材料の一部をたたいてつぶし接合しやすくすることはよいが，材料を水にぬらすことは禁止する。

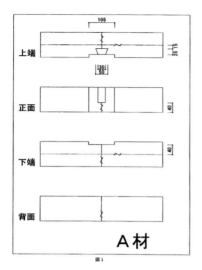

図1

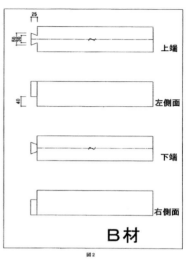

図2

＜評価項目＞：器具等の使用方法の適切さ

＜持ちもの＞：高校工業(インテリア)を参照。

▼高校工業(電気)

□電気回路の配線

＜課題用紙＞

[1]　次の図は，低圧配線工事の配線図を示しています。あとの1～3に
　　答えなさい。

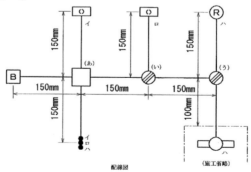

配線図

〈注〉

1. 図記号は，原則としてJIS C 0303：2000に準拠し，作業に直接関係ない部分は省略又は簡略化しています。

2. ⓡはランプレセプタクルを示しています。

〈材料〉

600Vビニル絶縁ビニルシースケーブル平形

2.0mm，2心，長さ約1000mm…1本

1.6mm，2心，長さ約1000mm…1本

1.6mm，3心，長さ約1000mm…1本

リングスリーブ…小10個

差込形コネクタ…2本用×2個，3本用×2個

1. 配線図と次の施工条件(1)～(5)を基に，複線図をかきなさい。

〈施工条件〉

(1) 配線及び器具の配置は，配線図に従って行うこととします。

(2) 電線の色別指定(ケーブルの場合は絶縁被覆の色)は，次のア～ウの条件によることとします。

ア 100V回路の電源からの接地側電線は，すべて白色を使用すること。

イ 100V回路の電源から点滅器までの非接地側電線は，すべて黒色を使用すること。

ウ 次の(ア)～(ウ)の器具の端子には，白色の電線を結線すること。

(ア) ランプレセプタクルの受金ねじ部の端子。

(イ) 引掛シーリングローゼットの接地側極端子(Wと表示)。

(ウ) 配線用遮断器の記号Nの端子。

(3) 配線図のジョイントボックス部分を経由する電線は，必ず接続点を設けることとし，接続方法は，次のア・イにより接続することとします。

ア ジョイントボックス(あ)での電線接続は，リングスリーブに

よる終端接続。

イ　VVF用ジョイントボックス(い)及び(う)での電線接続は，差込形コネクタによる接続。

(4)　ランプレセプタクルの台座及び引掛シーリングローゼットのケーブル引込口は欠かずに，下部(裏側)からケーブルを挿入することとします。

(5)　配線用遮断器からボックス(あ)までの電線は，600Vビニル絶縁ビニルシースケーブル平形，2.0mmを用いることとします。

2.　支給された作品の配線工事には一部誤りがあります。配線図及び1の施工条件(1)〜(5)を基に，配線工事の誤った部分をすべて書きなさい。

3.　支給された作品が正しい回路となるよう2で書いた配線工事の誤った部分を修正し，支給された作品を完成させなさい。ただし，準備された工具及び材料表に示した材料以外は，使用できないものとします。なお，配線図中の点線で示した部分は施工省略とします。

＜評価項目＞：配線，器具等の使用方法の適切さ

＜持ちもの＞：高校工業(インテリア)を参照。

▼高校工業(土木)

【課題】

□測量

＜課題用紙＞

[1]　下の図は，3つの測点A，B及びCの閉合トラバースを模式的に示しています。準備された測量機器を使用して，次の1〜5の手順で，3測点のトラバース測量を行いなさい。

1.　3つの測点A，B及びCの内角と各測点間の距離をそれぞれ測定し，解答用紙の「表1　野帳」に書きなさい。なお，観測は，1対回で観測することとします。

2.　手順1で得られたデータを基に，方位角を計算し，解答用紙の「表2　方位角の計算書」に書きなさい。

3. 手順1で得られたデータを基に，平均距離を計算し，解答用紙の「表3 平均距離の計算書」に書きなさい。
4. 手順2及び3で求めた計算結果を基に，合緯距・合経距を計算し，解答用紙の「表4 合緯距・合経距の計算書」に書きなさい。
5. 手順4で求めた計算結果を基に，閉合誤差及び閉合比を計算し，解答用紙の「表5 閉合誤差・閉合比の計算書」に書きなさい。

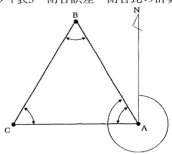

表1 野帳

測点	望遠鏡	視準点	観測角			観測距離（m）	
A	正	N					
		B					
A	正	C					
		B					
	反	B					
		C					
B	正	A					
		C					
	反	C					
		A					
C	正	B					
		A					
	反	A					
		B					

表2　方位角の計算書

測点	望遠鏡	視準点	観測角	測定角	平均角	調整量	調整角	方位角
A	正	N						
		B						
A	正	C						A B
		B						
	反	B						
		C						
B	正	A						B C
		C						
	反	C						
		A						
C	正	B						C A
		A						
	反	A						
		B						
計								

表3　平均距離の計算書

測線	観測距離 （m）	平均距離 （m）
A B		
B C		
C A		
計		

表4　合緯距・合経距の計算書

測線	距離 （m）	方位角	緯距L （m）	経距D （m）	調整量（m） 緯距 ⊿L	調整量（m） 経距 ⊿D	調整緯距 L'（m）	調整経距 D'（m）	測点	合緯距 x（m）	合経距 y（m）
A B									A	0.000	0.000
B C									B		
C A									C		
計											

表5　閉合誤差・閉合比の計算書

閉合誤差　（㎜）	閉合比

250

＜評価項目＞：器具等の使用方法の適切さ

＜持ちもの＞：高校工業(インテリア)を参照。

▼高校商業

【課題】

□会計分野…仕分けと清算表

＜課題用紙＞

[1]　次の資料1～3は，A商事株式会社(決算年1回　3月31日)の2月末日現在の総勘定元帳の勘定残高，3月中の取引及び決算整理事項を示したものです。資料1～3を基に，あとの1～3に答えなさい。なお，1及び2の解答に用いる勘定科目は，解答用紙4枚のうち3枚目及び4枚目の精算表に示した勘定科目の中から最も適当なものを使用すること。

資料1〔2月末日現在の総勘定元帳の勘定残高〕　　　　　　　　　　　　　〔単位：円〕

現　　　　　金	1,640,000	当　座　預　金	18,196,000	受　取　手　形	11,200,000
売　　掛　　金	32,000,000	貸　倒　引　当　金	400,000	売買目的有価証券	5,340,000
繰　越　商　品	28,480,000	仮　払　法　人　税　等	2,800,000	建　　　　　物	40,000,000
建物減価償却累計額	9,000,000	備　　　　　品	2,000,000	備品減価償却累計額	720,000
の　　れ　　ん	750,000	その他有価証券	5,120,000	支　払　手　形	9,100,000
買　　掛　　金	12,080,000	短　期　借　入　金	1,856,000	所　得　税　預　り　金	56,000
社　　　　　債	19,760,000	長　期　借　入　金	6,000,000	退　職　給　付　引　当　金	4,900,000
資　　本　　金	40,000,000	資　本　準　備　金	16,000,000	利　益　準　備　金	7,200,000
新　築　積　立　金	4,150,000	繰　越　利　益　剰　余　金	640,000	新　株　予　約　権	3,480,000
売　　　　　上	292,570,000	有　価　証　券　利　息	90,000	仕　入　割　引	158,000
有　価　証　券　売　却　益	280,000	仕　　　　　入	261,944,000	給　　　　　料	7,280,000
発　　送　　費	3,920,000	広　　告　　料	2,340,000	旅　費　交　通　費	820,000
保　　険　　料	560,000	租　税　公　課	980,000	支　払　地　代	440,000
支　払　利　息	400,000	手　形　売　却　損	300,000	社　債　利　息	630,000
売　上　割　引	300,000	災　害　損　失	1,000,000	割　賦　売　掛　金	4,700,000
割　賦　仮　売　上	4,700,000				

資料2〔3月中の取引〕

1日　B建設株式会社に倉庫用建物の建築を¥20,000,000で依頼し，その第1回分支払いとして小切手¥4,000,000を振り出した。

4日　C商店振り出しの約束手形#18 ¥300,000をD銀行で割り引き，割引料を差し引かれた手数料金¥295,000は当座預金とした。なお，保証債務の時価は¥3,000とする。

6日　E商店から第3回の割賦金¥700,000を現金で受け取った。なお，回収基準を採用している。

8日　売買目的の社債(額面¥500,000　帳簿価額¥485,000)を¥495,000で売却し，代金は端数利息¥4,000とともに小切手で受け取り，当座預金とした。

10日　所得税預り金¥56,000を現金で支払った。

17日　F商店に対する買掛金¥1,200,000の支払いに当たり，所定の期日前なので，2%の割り引きを受け，割引額を差し引いた残額を小切手を振り出して支払った。

25日　本月分給料¥720,000の支払いに当たり，所得税預り金¥50,000を差し引き，残額を小切手を振り出して支払った。

31日　社債利息¥630,000の支払いを取引銀行に依頼し，小切手を振り出した。

資料3〔決算整理事項〕

---

a. 期末商品棚卸高

　　帳簿棚卸数量　6,325個　　原価　　　　　@¥4,800

　　実地棚卸数量　6,250個　　正味売却価額　@¥4,720

　　ただし、商品評価損と棚卸減耗費は売上原価の内訳項目とする。この他、割賦金の未回収分の原価は、¥3,200,000である。

b. 貸倒見積高

　　受取手形と売掛金は一般債権であり、期末残高に対し、それぞれ1%と見積り、貸倒引当金を設定する。

c. 減価償却高

　　建物　定額法により、残存価額は取得原価の10%　耐用年数20年とする。

　　備品　定率法により、毎期の償却率を0.2とする。

d. 売買目的有価証券評価高

　　売買目的で保有する社債について、時価によって評価する。

　　帳簿価額　¥4,855,000　　時価　¥4,755,000である。

e. その他有価証券評価高

　　その他有価証券について、時価¥5,160,000によって評価する。

f. 社債評価高

　　社債について、償却原価法によって評価する。

　　なお、社債の評価高は¥19,820,000である。

g. 保険料前払高　　　　　　¥150,000　（うち¥50,000は長期前払費用である。）

h. 地代未払高　　　　　　¥ 40,000

i. 退職給付引当金繰入額　¥340,000

j. のれん償却額　　　　　¥250,000

1　資料2〔3月中の取引〕について、それぞれ仕訳を示しなさい。

2　資料3〔決算整理事項〕のa〜jについて、それぞれ仕訳を示しなさい。

3　精算表を作成しなさい。

〈解答用紙〉

1

日付	借　　方	貸　　方
3月1日		
4日		
6日		
8日		
10日		
17日		
25日		
31日		

2

	借　方	貸　方
a		
b		
c		
d		
e		
f		
g		
h		
i		
j		

3

精算表

平成○年3月31日

（解答用紙3枚目）

勘定科目	残高試算表		整理記入		損益計算書		貸借対照表	
	借方	貸方	借方	貸方	借方	貸方	借方	貸方
現　　　　金								
当 座 預 金								
受 取 手 形								
売 　 掛 　 金								
貸 倒 引 当 金								
売買目的有価証券								
繰 越 商 品								
仮 払 法 人 税 等								
建 　 　 物								
建物減価償却累計額								
備 　 　 品								
備品減価償却累計額								
建 設 仮 勘 定								
の 　 れ 　 ん								
その他有価証券								
支 払 手 形								
買 　 掛 　 金								
短 期 借 入 金								
所 得 税 預 り 金								
保 証 債 務								
社 　 　 債								
長 期 借 入 金								
退 職 給 付 引 当 金								
資 　 本 　 金								
資 本 準 備 金								
利 益 準 備 金								
新 築 積 立 金								
繰 越 利 益 剰 余 金								
新 株 予 約 権								
売 　 　 上								
有 価 証 券 利 息								
仕 　 入 　 割 　 引								
有 価 証 券 売 却 益								
仕 　 　 入								
給 　 　 料								
次ページへ								

256

3 | 精算表 | （解答用紙4枚目）

平成○年3月31日

勘定科目	残高試算表		整理記入		損益計算書		貸借対照表	
	借方	貸方	借方	貸方	借方	貸方	借方	貸方
前ページから								
発 送 費								
広 告 料								
旅 費 交 通 費								
保 険 料								
租 税 公 課								
支 払 地 代								
支 払 利 息								
手 形 売 却 損								
社 債 利 息								
売 上 割 引								
保 証 債 務 費 用								
災 害 損 失								
割 賦 売 掛 金								
割 賦 仮 売 上								
前 払 保 険 料								
長 期 前 払 保 険 料								
未 払 地 代								
その他有価証券評価差額金								
貸 倒 引 当 金 繰 入								
商 品 評 価 損								
棚 卸 減 耗 費								
の れ ん 償 却								
減 価 償 却 費								
退 職 給 付 費 用								
有 価 証 券 評 価 損								
税引前当期純利益								

＜評価項目＞：帳簿作成技術の適正さ

＜持ちもの＞

　そろばん又は電卓(電卓機能のみのものに限る)，定規類(三角定規，直線定規)，赤ボールペン

▼高校情報／特支高等部情報

【課題】

□システム設計・管理……クライアント設定

□マルチメディア…グラフ作成，地図作成，案内文書作成，Webページ作成

＜課題用紙＞

1. 次の①〜③の条件でクライアントの設定をしなさい。なお，クラ

257

イアントのadministratorのパスワードは「admin」です。また，①IP
アドレスの下線部1XXのXXは受験番号の下2桁とします。

① 　IPアドレス　　　　　　　　　　192.168.1.1XX
② 　サブネットマスク　　　　　　　255.255.255.0
③ 　デフォルトゲートウェイ　192.168.1.254

2. ユーザ名「userXX」，パスワード「password」でログオンし，デス
　クトップ上に「30XX」という名前のフォルダを作成しなさい。な
　お，XXは受験番号の下2桁とします。

3. 次の表は，配付しているCD①に保存されている「shiryou.xlsx」フ
　ァイル内の「シート1」のデータです。このデータをもとに，主な
　通学方法別生徒数の割合を示す最も適切なグラフを「シート1」に
　作成し，「shiryou.xlsx」ファイルを，2で作成したデスクトップ上の
　「30XX」フォルダに保存しなさい。

表

主な方法 / 性別 / 学年	1学年		2学年		3学年		合計
	男	女	男	女	男	女	
バス	10	16	17	18	8	18	87
自転車	27	27	29	23	24	26	156
船	8	11	8	7	9	5	48
電車	28	24	19	26	20	32	149
徒歩	3	6	3	10	10	8	40
合計	76	84	76	84	71	89	480

主な通学方法別生徒数　　　　　　（人）

4. 次の図は，A高等学校の周辺地図をかいたものです。この図を参
　考に，図形処理ソフトウェア等を利用して，A高等学校の周辺地図
　を作成し，ファイル名を「A高等学校地図」として，2で作成したデ
　スクトップ上の「30XX」フォルダに保存しなさい。

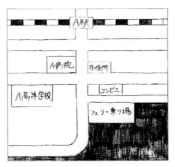

5. 次の図は，A高等学校の「平成29年度1日体験入学」の案内文書を示したものです。この図を参考に，配付しているCD①に保存されている，作成途中の「1日体験入学.docx」を完成させなさい。なお，作成に当たっては，文書処理ソフトウェア等を利用し，完成させた「1日体験入学.docx」を ② で作成したデスクトップ上の「30XX」フォルダに保存しなさい。

259

6. 次の構成図に従って，CD②に保存されているデータを活用し，D
   高等学校のWebページを完成させなさい。ただし，作成に当たって
   は，下の条件1・2を満たすこととします。なお，完成させたWebペ
   ージは，2で作成したデスクトップ上の「30XX」フォルダに保存し
   なさい。

〈構成図〉

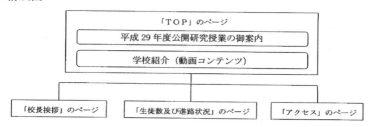

〈条件1：学校紹介(動画コンテンツ)〉

① プレゼンテーションソフトウェアを利用し，配付しているCD②に
   保存されている，作成途中の「学校紹介.pptx」の「学校概要」「生
   徒の状況」「授業改善の取組」「アクセス」の4つのスライドを完成
   させなさい。なお，それぞれのスライドの作成に当たっては，CD
   ②に保存されているデータを活用すること。

② プレゼンテーションソフトウェアの「ファイル」，「保存と送信」，
   「ビデオの作成」の機能を活用して，動画ファイルに変換し，2で作
   成したデスクトップ上の「30XX」フォルダに保存すること。

〈条件2：Webページ〉

① 「TOP」，「校長挨拶」，「生徒数及び進路状況」，「アクセス」のそれ
   ぞれページには，CD②に保存されているデータを活用し，次の下
   線部のデータを挿入すること。

   　　　　　「TOP」　　　　　　　　　：<u>文字及び写真</u>
   　　　　　「校長挨拶」　　　　　　　：<u>文字</u>
   　　　　　「生徒数及び進路状況」　　：<u>文字，表及びグラフ</u>

「アクセス」　　　　　　：文字及び地図

② 「TOP」のページと「校長挨拶」,「生徒数及び進路状況」,「アクセス」のそれぞれのページとを相互にリンクさせること。

③ 「平成29年度公開研究授業の御案内」は,「TOP」のページからダウンロードできるように設定すること。

④ 「学校紹介(動画コンテンツ)」は,条件1で作成した動画が,「TOP」のページから閲覧できるように設定すること。

＜評価項目＞：情報及び情報技術の適切な活用能否

▼高校農業／特支高等部農業

【課題】

□農業生産…実習(30分＝6分×5)

＜課題用紙＞

[1] 農業実習について,次の1～5の実技を行いなさい。なお,それぞれの実技の制限時間は6分とします。

1. キュウリのたねまきを行います。机上の育苗箱にたねまきをしなさい。ただし,発芽した後の子葉の方向がそろうようにすることとし,この場ではかん水は行わないこととします。なお,たねまきが終了したら,試験官に報告すること。

2. トマトのさし芽を行います。用意してあるトマトから,さし穂を3本とり,さし芽を行いなさい。ただし,さし穂をとった後,30分程度水に浸す作業は省略します。なお,さし芽が終了したら,試験官に報告すること。

3. 液体肥料の希釈を行います。750倍に希釈した液体肥料を1500mLに調整しなさい。なお,希釈が終了したら,試験官に報告すること。

4. 0.1mol/Lの塩化ナトリウム水溶液を200mL調製しなさい。なお,調製が終了したら,試験官に報告すること。

5. 植物組織プレパラートの検鏡を行い,接眼ミクロメータで植物組織の大きさを測定します。机上の顕微鏡及び接眼ミクロメータで植物組織の大きさを測定しなさい。ただし,観察する倍率は400倍,

接眼ミクロメータの1目盛は10μmとします。なお，測定が終了したら，試験官に報告すること。

＜評価項目＞：農業資材，器具等の使用方法の適切さ

＜持ちもの＞：実技のできる服装及び靴

▼高校看護

※診察と看護より出題される。

＜評価項目＞：看護技術の適切さ

＜持ちもの＞：実技のできる服装

▼特支学校高等部福祉

【課題】

□自立に向けた生活支援(7分)

＜課題用紙＞

1. 次の事例の高齢者に対して，ベッドサイドの端座位の状態から車いすへ移乗するまでの介助をしなさい。なお，車いすの点検は済ませていることとします。実技の時間は7分間とします。

〈事例〉

　Aさんは，74歳の女性です。左片麻痺があり，起き上がりと立位は一部介助が必要です。車いすでの移動は，自力で行うことができます。聴力については，難聴がありますが，ある程度聴き取ることができます。会話については，少しゆっくり話すことで，意思疎通を図ることができます。

＜評価項目＞：介護技術の適切さ

＜持ちもの＞：実技のできる服装

▼養護教諭　時間6分

【課題】

□1. 処置(3分)…右肩の脱臼の疑い

□2. 処置(3分)…痙攣を起こして倒れている生徒(嘔吐物あり)

※保健管理，保健教育より出題される。

＜評価項目＞：傷病応じた処置の適切さ

＜持ちもの＞：実技のできる服装及び靴

＜受験者のアドバイス・感想＞

・課題1では，三角巾2枚を使用した。1回だけ児童役試験官より質問された。

・課題2では，毛布，ビニール袋，冷却物を使用した。

◆個人面接A・個人面接B (2次選考)

※個人面接Aは模擬授業と同日に行われる。(試験の流れは模擬授業を参照。)

※個人面接Bでは，面接に入る前にアンケートを記入する。

▼小学校全科　面接官2人　時間25分

【質問内容】

[面接A・B共通]

□どうして小学校の先生を希望しているのか(志望動機)

□特別支援教育を専攻している理由

□部活動について

□生徒指導で記憶に残っていること

□不登校の子供にどのように対応するか

□学外で行ってきたボランティアについて

□学生時代に頑張ったこと

□教育実習でストレスを感じたこと

□どうして大学へ進学したのか

□どんな教師になりたいか

□信頼される教師になるのには？

□児童に対する初めての挨拶をしてください

□教員の責任について

□教師の不祥事

□体罰について
　　→なぜ体罰行為に走ってしまうのか
　　→保護者がよいと言ったら？
　　→少しくらいなら？
□司書教諭について
□先輩教員など性格の合わない人と対立したら，どうするか。
□気になったニュース
□スポーツのよさとは
□人生で一番の失敗について
　　→どのように乗り越えたか
□やる気をなくした子供がいたら，どうするか
□一人一人に合った指導とは，どのようなものか
□【場面指導】学力の低い児童に対してどのように指導するか
[面接A]
□自己アピール
□志望理由(教職を目指した理由)
□大学生活のこと
□今までの部活について
□アルバイトについて
□印象に残る先生
□ボランティアについて(→詳細)
□長所，短所
　　→長所を生かした経験
　　→短所をどうやって克服するか
□教育実習のこと
□児童に読ませたい本
□最近の気になるニュース
□いじめの対応について
□「主体的な学び」(答申)とは？
□保護者対応について

□上司との関係について

□【場面指導】学習障害児童の対応…机を蹴る児童の対応

[面接B]

□昨日の実技, 面接について

□卒業論文について

□18歳選挙権について

□「対話的な学び」(答申)について

□他に受験する／した都道府県

□どうして広島県ではなく「市」を希望しているのか

□市でやりたいこと

□市の魅力

□ボランティアについて

□教育実習について

　　→どのような授業をしたか(→詳しく)

□なぜ教師を目指したか

□いつから教師を目指したか

□答申「主体的・対話的で深い学び」について

□体調面ついて, 心配なことはあるか

□体罰についてどう思うか

□ストレス解消方法

□取得見込の免許について

□県, 市どちらを希望するか

＜面接B用アンケート＞

1. 県又は市の教育施策を踏まえて, 目指したい教員像を具体的に書きなさい。

2. ストレスを感じたことはあるか。また, ストレス解消について書きなさい。

＜受験者のアドバイス・感想＞

・場面指導も行った。

・2人の試験官が交互に質問を行った。

・(受験者1)面接官は2人で1人は優しそうな感じ，もう1人は無表情で固い感じで，敢えてタイプの違う2人が用意されていた。
・(受験者2)面接官は終始丁寧で明るい雰囲気で同調してくれた。
・面接Bの面接官は，県教育委員会と市教育委員会の人だった。
・一つ答えると，そこからどんどん掘り下げた質問をされる面接だった。
・答申について勉強しておくこと。
・面接Bでは，面接前にアンケートを記入する。記入時間は10分程度。
・自己アピール文について聞かれた。

▼中学校　面接官2人　時間25分
【質問内容】
□志望校種と科目，受験番号，氏名
□これまでの経歴(確認程度)
□なぜ広島県(広島市)を志望したか
□広島県(広島市)の政策で印象的なものは何か
□広島県(広島市)の掲げる教師像として，印象的なものは何か
□教育実習はどこで行ったか
　　→大変だったことは何か
□どういう学級を作りたいか
□ボランティアの経験はあるか
□自己PRをしてください(時間制限なし)
□自分が教師となった際に，生かせることは何か
□教育の中立性とは何か
□不祥事はなぜ起こるか
　　→学校でどのような対策ができるか
□【場面指導】保護者からクレームがきたらどうするか
□【場面指導】授業中に，授業に参加しない生徒がいたらどうするか
＜受験者のアドバイス・感想＞
・県外出身のため，広島県(広島市)の志望理由をしつこく聞かれた。

・雰囲気は終始和やかだった。

▼養護教諭　面接官2人　時間25分
【質問内容】
□志望理由(1分)
□ボランティアや部活の経験の有無
□痙攣発作を起こしたときの対応
□いじめや不登校と保健室での対応
□体罰をしている教員を見つけた場合の対応
□広島県の教育施策

◆模擬授業(2次選考)　面接官3人　受験者1人　時間45分
※養護教諭を除く全科で行われる。個人面接Aと同日に実施。
＜試験の流れ＞
①個人面接(25分)終了→控室に移動
②問題と学習指導案用紙の配布
③学習指導案作成(30分)
＊「始め」の合図により作成を開始する。
＊作成が終了したら静かに挙手を行う。
④作成した学習指導案をコピー
＊控室担当者に3部コピーをしてもらい，受け取る。
⑤試験場に移動
⑥模擬授業(入退室を含む15分)
＊入室時に，受験票とコピー3部を試験官に手渡す。
＊受験番号と氏名を申告する。
＜模擬授業の条件＞
＊学習指導案の原本と模擬授業試験問題を利用することができる。
＊試験官の指示に従って始める。
＊始めに校種，教科，科目等，想定する学年を述べる。

＊「導入」から授業を行う。栄養教諭受験者は「授業を展開する部分の冒頭」から行う。

＊試験官3名を児童生徒と想定する。

＊試験官に質問したり発表させたりすること，教室内を移動することは可能である。

＊試験官が適宜，児童生徒の立場で質問や発言をする場合がある。

＊黒板(チョーク)と定規類の使用は可能である。それ以外のものは使用してはならない。

＊終了時間になったら，試験官が終了の合図を行い，途中で打ち切られる。

＜試験終了後＞

＊「受験者の皆さんへ」以外の配布物等(学習指導案の原本，模擬授業の問題，「個人面接A・模擬授業について」)を試験官に返却する。

＊退室は，他の受験者と会話などすることなく速やかに行う。

▼小学校全科

【課題】

□6年生「比例」(関数の学習)

時間	1	2	3	
——	2	4	6	

＜受験生のアドバイス・感想＞

・導入からまとめまでを行った。受験者によって「時限目」の設定が異なる。

・資料として見開き1ページの教科書のコピーが配布された。

・板書は見ることができる。

・面接官は4人だった。

・(受験者1)生徒役が3人いたが，質問しても反応がなかったので，架空の人物を設定して行った。

・(受験者2)生徒役は発表したり，うなずいたりして聞いてくれた。

・真面目な児童ばかりでなく，その児童への指導が見られている。

〈児童の特徴的な行動〉

○授業中に本を読む

○ものさし忘れ

○トイレに行く

○「黒板が見えにくい」

○ボーっと外を見る

○机に伏せる，寝る

○消しゴムを取り合っての喧嘩

※真面目な生徒もいる。

・比例の定義を生徒役(試験官)に聞かれた。

・比例の既習事項が分からなければ難しい内容だった。

・グループ活動も取り入れた授業を行った。

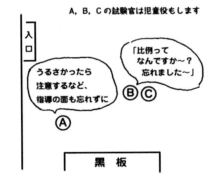

2017年度　面接実施問題

◆グループワーク(1次試験)　面接官1人　受験者7人　20分

　　グループワークでは，後の【課題】について，後の【手順】に示す活動を行います。控室において，ロールプレイ(演技)の内容を考える等，グループワークの実施に向けた準備をしてください。なお，考えた内容等を資料に書き込んでも構いません。

※配席図

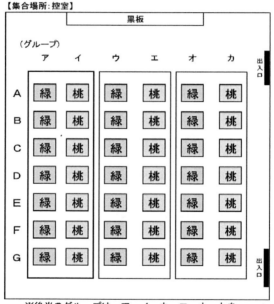

※後半のグループは，ア・イ・ウ・エ・オ・カを，それぞれキ・ク・ケ・コ・サ・シとする。

※試験場前の待機場所及び試験場内の配置

・廊下に待機場所を表示してある位置から図のように並んで待機。

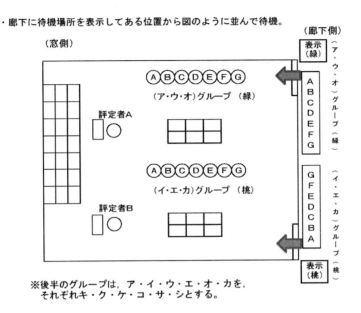

（窓側）

（廊下側）

※後半のグループは，ア・イ・ウ・エ・オ・カを，
それぞれキ・ク・ケ・コ・サ・シとする。

▼前半・ア，ウ，オ・グループ

【課題】

　同一市内のA学校において，部(クラブ)活動の指導中，児童生徒に対する体罰が発生し，地域の方や保護者の学校に対する信頼が著しく損なわれる状況となっています。

　そこで，本校において，児童生徒に対する体罰の防止に向け，教職員が自らのこととして考えていくために，ロールプレイの手法を用いた校内研修を図1の流れで行うこととなりました。

　校内研修を行うに当たり，研修を企画するメンバーとして，研修で取り入れるロールプレイの内容(図1「2　ロールプレイ(演技)」の部分)を考えてください。

```
┌─────────────────────────────────────┐
│ [図1]　校内研修の流れ                │
│　　研修のねらい等の説明              │
│ 1　ウォーミングアップ                │
│　　　　　↓                           │
│ 2　ロールプレイ(演技)(2分程度)       │
│　　　　　↓                           │
│ 3　シェアリング(振り返り)            │
│　　まとめ                            │
│                                      │
└─────────────────────────────────────┘
```

【手順】

活動1：検討(8分)

　　部活動の指導場面において，起こる可能性のある体罰について，具体的な行為を挙げながら意見交換し，研修に取り入れるロールプレイ(2分程度)を検討してください。

活動2：練習(3分)

　　活動1で検討したロールプレイの練習をグループ全員で行ってください。

　　※必要に応じてグループの机を動かしてもかまいません。

活動3：再検討(8分)

　　役割を演じた時の気持ちや言動等について意見交換し，児童生徒に対する体罰の防止に向け，教職員が自らのこととして考えていくことができるロールプレイとなるよう再検討してください。

　　※実際にロールプレイをしながら検討してもかまいません。

活動4：実演(1分)

　　研修で取り入れるロールプレイをはじめから1分間実演してください。

▼前半・イ，エ，カ・グループ

【課題】

同一市内のB学校において，授業中に，児童生徒に対する体罰が発生し，地域の方や保護者の学校に対する信頼が著しく損なわれる状況となっています。

そこで，本校において，児童生徒に対する体罰の防止に向け，教職員が自らのこととして考えていくために，ロールプレイの手法を用いた校内研修を図1の流れで行うこととなりました。

校内研修を行うに当たり，研修を企画するメンバーとして，研修で取り入れるロールプレイの内容(図1「2　ロールプレイ(演技)」の部分)を考えてください。

【手順】

活動1：検討(8分)

授業中の指導場面において，起こる可能性のある体罰について，具体的な行為を挙げながら意見交換し，研修に取り入れるロールプレイ(2分程度)を検討してください。

活動2：練習(3分)

活動1で検討したロールプレイの練習をグループ全員で行ってください。

※必要に応じてグループの机を動かしてもかまいません。

活動3：再検討(8分)

役割を演じた時の気持ちや言動等について意見交換し，児童生徒に対する体罰の防止に向け，教職員が自らのこととして考えていくことができるロールプレイとなるよう再検討してください。

※実際にロールプレイをしながら検討してもかまいません。

活動4：実演(1分)

研修で取り入れるロールプレイをはじめから1分間実演してください。

▼後半・キ，ケ，サ・グループ

【課題】

同一市内のC学校において，掃除時間中に，児童生徒に対する体

罰が発生し，地域の方や保護者の学校に対する信頼が著しく損なわれる状況となっています。

　そこで，本校において，児童生徒に対する体罰の防止に向け，教職員が自らのこととして考えていくために，ロールプレイの手法を用いた校内研修を図1の流れで行うこととなりました。

　校内研修を行うに当たり，研修を企画するメンバーとして，研修で取り入れるロールプレイの内容(図1「2　ロールプレイ(演技)」の部分)を考えてください。

【手順】

活動1：検討(8分)

　掃除時間の指導場面において，起こる可能性のある体罰について，具体的な行為を挙げながら意見交換し，研修に取り入れるロールプレイ(2分程度)を検討してください。

活動2：練習(3分)

　活動1で検討したロールプレイの練習をグループ全員で行ってください。

※必要に応じてグループの机を動かしてもかまいません。

活動3：再検討(8分)

　役割を演じた時の気持ちや言動等について意見交換し，児童生徒に対する体罰の防止に向け，教職員が自らのこととして考えていくことができるロールプレイとなるよう再検討してください。

※実際にロールプレイをしながら検討してもかまいません。

活動4：実演(1分)

　研修で取り入れるロールプレイをはじめから1分間実演してください。

▼後半・ク，コ，シ・グループ

【課題】

　同一市内のD学校において，修学旅行中に，児童生徒に対する体罰が発生し，地域の方や保護者の学校に対する信頼が著しく損なわ

れる状況となっています。

　そこで，本校において，児童生徒に対する体罰の防止に向け，教職員が自らのこととして考えていくために，ロールプレイの手法を用いた校内研修を図1の流れで行うこととなりました。

　校内研修を行うに当たり，研修を企画するメンバーとして，研修で取り入れるロールプレイの内容(図1「2　ロールプレイ(演技の部分)を考えてください。

【手順】

活動1：検討(8分)

　修学旅行中の指導場面において，起こる可能性のある体罰について，具体的な行為を挙げながら意見交換し，研修に取り入れるロールプレイ(2分程度)を検討してください。

活動2：練習(3分)

　活動1で検討したロールプレイの練習をグループ全員で行ってください。

※必要に応じてグループの机を動かしてもかまいません。

活動3：再検討(8分)

　役割を演じた時の気持ちや言動等について意見交換し，児童生徒に対する体罰の防止に向け，教職員が自らのこととして考えていくことができるロールプレイとなるよう再検討してください。

※実際にロールプレイをしながら検討してもかまいません。

活動4：実演(1分)

　研修で取り入れるロールプレイをはじめから1分間実演してください。

◆実技試験(2次試験)

▼小学校全科

【音楽課題1】

□オルガン演奏

　「バイエルピアノ教則本」の51番から103番までの曲の中から1曲を選び，オルガンで演奏しなさい。なお，楽譜を見ながら演奏してもよいこととします。

【音楽課題2】

□歌唱

次の2曲の中から1曲を選び，歌唱しなさい。なお，楽譜を見ながら歌唱してもよいこととします。

〈前半グループ〉

・さくらさくら

・スキーの歌

〈後半グループ〉

・こいのぼり

・われは海の子

【音楽課題3】

□ソプラノリコーダー演奏

　次の2曲の中から1曲を選び，ソプラノリコーダーで演奏しなさい。なお，楽譜を見ながら演奏してもよいこととします。

〈前半グループ〉

・茶つみ

・ふじ山

〈後半グループ〉

・虫のこえ

・とんび

【体育課題1】

〈前半グループ〉

□腕立て伏せの姿勢で足の甲を床に付け，腕の力だけで，試験官がいる線まで進みなさい。その後，立ち上がり，「ケンパ，ケンパ，ケンケンパ」のリズムで，設置してある輪を踏まずに，それぞれの輪の中に足が入るように跳びなさい。「ケン」は片足とし，「パ」は両足とする。

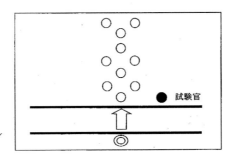

スタートライン

試験官

※試験官の指示により開始すること。なお，実技の回数は1回とする。
※片足で跳ぶ際は，右足でも，左足でもよい。
□ドッジボールを壁に向かって片手のオーバースローで投げ，跳ね返
　ってきたボールをワンバウンドで捕りなさい。次に，試験官にボー
　ルをチェストパスで返しなさい。
※試験官の指示により開始すること。なお，実技の回数は2回とする。
※1回目の実技が終了し，試験官からボールを受け取ったら，試験官
　の指示により2回目を開始すること。

〈後半グループ〉
□腕立て伏せの姿勢で足の甲を床に付け，腕の力だけで，試験官がい
　る線まで進みなさい。その後，立ち上がり，「ケンパ，ケンパ，ケ
　ンケンパ」のリズムで，設置してある輪を踏まずに，それぞれの輪
　の中に足が入るように跳びなさい。「ケン」は片足とし，「パ」は両
　足とする。

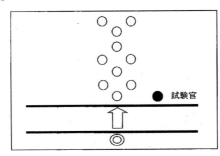

スタートライン

試験官

※試験官の指示により開始すること。なお，実技の回数は1回とする。

※片足で跳ぶ際は，右足でも，左足でもよい。

□ドッジボールを壁に向かって片手のオーバースローで投げ，跳ね返ってきたボールをワンバウンドで捕りなさい。次に，試験官にボールをオーバーヘッドパスで返しなさい。

※試験官の指示により開始すること。なお，実技の回数は2回とする。

※1回目の実技が終了し，試験官からボールを受け取ったら，試験官の指示により2回目を開始すること。

▼中高音楽

【課題1】

□視唱

「コンコーネ50番」より19番を視唱(階名唱)しなさい。

【課題2】

□箏による独奏

平調子で演奏できる自作以外の任意の曲(2～3分程度)を暗譜で演奏

【課題3】

□自らのピアノ伴奏による歌唱(弾き歌い)

次の7曲の中から一曲選択し，暗譜で演奏

(1)「赤とんぼ」　　　三木露風作詞　山田耕筰作曲

(2)「荒城の月」　　　土井晩翠作詞　滝廉太郎作曲

(3)「早春賦」　　　　吉丸一昌作詞　中田章作曲

(4)「夏の思い出」　　江間章子作詞　中田喜直作曲

(5)「花」　　　　　　武島羽衣作詞　滝廉太郎作曲

(6)「花の街」　　　　江間章子作詞　團伊玖磨作曲

(7)「浜辺の歌」　　　林古溪作詞　　成田為三作曲

【課題4】

□ピアノ演奏

自作以外の任意の曲を暗譜で演奏

▼中高美術

【課題】

□次の1・2の制作上の条件に従って,「日本の秋」を紹介するポスターをデザインし,画用紙に表現しなさい。また,制作した作品の表現意図及び表現の工夫を書きなさい。なお,受験番号と氏名を画用紙の裏側に書きなさい。

1　文字は書かない。

2　描画材は,水彩画用具,ポスターカラーとし,画用紙全体に着彩する。

▼中高保体

【課題1】

□領域「器械運動」の「マット運動」を行います。

ロングマットの端から,「倒立前転」,「開脚前転」,「前転」,「伸膝前転」の順に,技を連続して行いなさい。試技は1回とします。試技の前に一度練習を行うことができます。

【課題2】

□領域「陸上競技」の「投てき」を行います。

短い助走(5m以内)からジャベリックスローを行いなさい。試技は1回とします。

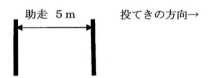

【課題3】

□領域「水泳」の「クロール・平泳ぎ」を行います。

水中からスタートし,クロールで25m泳ぎ,ターンをして,続けて平泳ぎで25m泳ぎなさい。試技は1回とします。

【課題4】

□領域「球技」の「ゴール型　サッカー」を行います。

1　次の図の★の位置からスタートし，囲まれたゾーン内で足裏のボールタップを10回行い，設置されたカラーコーンをドリブルで8の字にまわった後，再度囲まれたゾーン内で足裏のボールタップを10回行いなさい。

試技は1回とします。ドリブルが中断した場合は，中断した位置に戻り，そこから続けてドリブルを行いなさい。

□次の図の★の位置からゴールに向けてインステップキックを行いなさい。試技は2回とします。

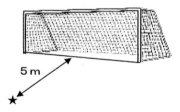

5 m

【課題5】

□領域「武道」の「柔道」を行います。

1　そんきょの姿勢から「横受け身」を左右交互に連続して，5回行いなさい。その際，左右のどちらからはじめても構いません。試技は1回とします。試技の前に一度練習を行うことができます。

2　「前回り受け身」を左右交互に連続して，2回行いなさい。その際，左右のどちらからはじめても構いません。試技は1回とします。試技の前に一度練習を行うことができます。

【課題6】

□領域「ダンス」の「創作ダンス」を行います。

次の要領でダンスを創作しなさい。試技は1回とします。試技の前に一度練習を行うことができます。

テーマ　　オリンピック競技大会

試技回数　　1回
試技時間　　1分間
動く範囲　　約5m×約5m
練習時間　　1分

▼中高技術

【課題】

□準備された材料と工具を用いて，次の等角図をもとに「CDラック」
　を製作しなさい。なお，部品の厚さはすべて12mmとし，部品どう
　しの接合は，すべてつぶしくぎによるかくしくぎの方法で接合する
　こととします。

　　注意事項：準備されたもの以外は使用できないものとする。

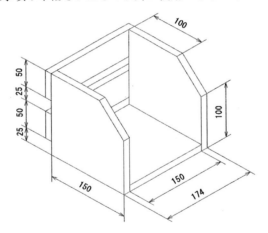

□次の図1は「ペン立て」を等角図で表したものです。また，図2はそ
　の展開図です。準備された材料と工具を用いて，図1及び図2をもと
　に「ペン立て」を製作しなさい。ただし，接合部ははんだづけする
　こととします。

　　注意事項：準備されたもの以外は使用できないものとする。

図1

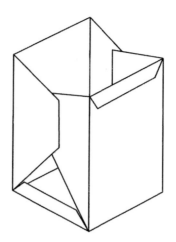

図2

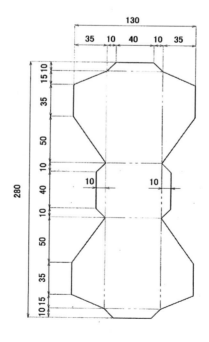

▼中高家庭

【課題】

□献立「鶏肉と野菜の煮物」「きゅうりとわかめの酢の物」「果汁かん」
を，調理し，盛り付け，提出しなさい。ただし，次の〈条件〉(1)〜
(7)をすべて満たすこととします。

〈条件〉

(1) 制限時間は50分とし，使用した器具の片付けは制限時間内に行う
ものとする。

(2) 材料はすべて使用する。

(3) 熱源は1人2口とする。

(4) 材料の扱い方は，次の表の備考欄に示したとおりとする。

(5) 次の表の備考欄に「計量」と示された材料については，各自で計
量する。

(6) 「鶏肉と野菜の煮物」は1人分，「きゅうりとわかめの酢の物」は2
人分を調理して，指示された場所に提出する。「果汁かん」は2人分
を調理して，1人分を皿に盛り付け，1人分はそのまま提出する。

(7) 生ごみは，制限時間終了後に試験官の点検を受けて捨てる。

調理名	材料		分量（1人分）	備考
鶏肉と野菜の煮物	鶏肉		50 g	一口大に切る。
	じゃがいも		50 g	一口大の乱切りにする。
	にんじん		30 g	一口大の乱切りにする。
	干ししいたけ		2 g	石づきをとり，にんじんの大きさに準じて切る。
	さやいんげん		10 g	すじをとり，塩ゆでにして，斜めに3cm程度に切る。
	だし汁		200ml	計量
	砂糖		4 g	計量
	しょうゆ		10ml	計量
	酒		10ml	計量
	塩		少量	

調理名	材料		分量（2人分）	備考
きゅうりとわかめの酢の物	きゅうり		100 g	0.2cm以下の輪切りにする。
	干しわかめ		3 g	水でもどす。
	合わせ酢	酢	10ml	計量
		砂糖	3 g	計量
		塩	1 g	計量
		しょうゆ	2 ml	計量
		だし汁	7 ml	計量

調理名	材料		分量（2人分）	備考
果汁かん	寒天		2 g	
	果汁		50 g	
	果物		10 g	中央になるように入れ，冷やし固める。
	砂糖		20 g	計量
	水		160ml	計量

　□次の〈デザイン図〉を見て，子供服の部分標本を製作しなさい。ただし，下の〈条件〉(1)～(10)をすべて満たすこととします。なお，縫う順序は問いません。

〈デザイン図〉

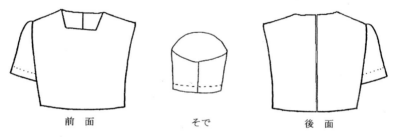

前　面　　　　　　　　そで　　　　　　　　後　面

〈条件〉

(1)　材料は次のものを使用する。
　　型紙3枚，布1枚，ミシン用糸(赤色)，手縫い用糸(赤色)

(2)　型紙を布目の方向に合わせ，配置する。

(3)　縫いしろの分量をとって裁ち切り線のしるしをつける。

(4)　布を裁断する。

(5)　できあがり線のしるしをつける。

(6)　身ごろの肩をミシンで縫い，縫いしろを割る。

(7)　身ごろの脇をミシンで縫い，縫いしろを割る。

(8)　そではセットインスリーブとする。そで口は中折り1cm，できあがり2cmの三つ折りにする。

(9)　右そで口は，針目間隔0.7cm程度のまつり縫いをする。左そで口は，0.2cmの端ミシンをかける。

(10)　右そでと身ごろをミシンで縫い合わせる。

▼中高英語
【課題】
□英語による面接

▼高校書道
【課題1】
□資料1の書跡を臨書しなさい。用紙は，指定の半紙を縦向きに使いなさい。落款は入れないものとします。受験番号と氏名は，鉛筆で左下隅に書きなさい。

【課題2】
□資料2の語句を使って，十字句の作品を作りなさい。用紙は，指定の半切(35cm×135cm)を縦向きに使いなさい。書体，書風は自由とします。落款は「基子書」と書き，姓名印の押印位置を赤色のペンで示しなさい。受験番号と氏名は，鉛筆で左下隅に書きなさい。

【課題3】
□資料3の書跡を臨書しなさい。用紙は，指定の紙を縦向きに使いなさい。落款は入れないものとします。受験番号と氏名は，鉛筆で左下隅に書きなさい。

【課題4】
□防災に関する標語を考え，古典に基づいた漢字仮名交じりの書を書きなさい。用紙は，指定の半切(35cm×135cm)を1／3に切って使いなさい。受験番号と氏名は，鉛筆で左下隅に書きなさい。また，参考とした古典名，作品制作の意図，表現効果を書きなさい。

【課題5】
□資料4に示す原稿を使い，講演会の演題を書きなさい。紙は，模造紙を縦2枚継にし，縦書きで体裁よく書きなさい。受験番号と氏名は，鉛筆で左下隅に書きなさい(提出する作品については鉛筆で文字の下書きをしないこと。また，紙を折らないこと。)。

資料1

何以
(「石鼓文」による。)

資料2

清風両窓竹白露一庭松

（「翰墨自在」による。）

資料3

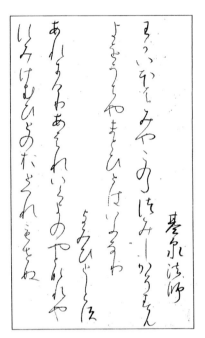

（「高野切第三種」による。）

基泉法師

わがいほはみやこのたつみしかぞすむ

よをうぢやまとひとはいふなり

よみびとしらず

あれにけりあはれいくよのやどなれや

すみけむひとのおとづれもせぬ

資料4

```
進路講演会
「夢にチャレンジ」
講師　太田川高等学校　　進路指導部　京橋　勝　先生
```

▼高校情報

【課題1】

□次の①〜③の条件でクライアントの設定をしなさい。なお，クライアントのadministratorのパスワードは「admin」です。また，IPアドレスの下線部1XXのXXは受験番号の下2桁とします。

① 　IPアドレス　　　172.17.1.1XX

② 　サブネットマスク　　255.255.255.0

③ 　デフォルトゲートウェイ　　172.17.1.254

【課題2】

□ユーザ名「userXX」，パスワード「password」でログオンし，デスクトップ上に「29XX」という名前のフォルダを作成しなさい。なお，XXは受験番号の下2桁とします。

【課題3】

□次の表1・表2は，配付しているCD①に保存されている「shiryou.xlsx」ファイル内の「シート1」及び「シート2」のデータです。(1)〜(3)の指示にしたがって，表及びグラフを作成し，「shiryou.xlsx」ファイルを，課題2で作成したデスクトップ上の「29XX」フォルダに保存しなさい。ただし，表1・表2の「※※」の部分は数値及び文字を示しています。

(1)　下の留意点をもとに，「シート1」の表を完成させなさい。

(2)　(1)で作成した「シート1」の表のデータを使用して，「シート2」の部活動加入状況一覧表及び分野別部活動加入状況表を完成させなさい。

(3)　(2)で作成した分野別部活動加入状況表をもとに，分野別部活動加

入状況を示す円グラフを「シート2」に作成しなさい。

表1

	A	B	C	D	E	F	G	H	I
1									
2		生徒コード	学年	性別	部活動区分	部活動名		部活動区分	部活動名
3		1101M15	※※	※※	※※	※※		11	陸上
4		1102M13	※※	※※	※※	※※		12	野球
5		1103M99	※※	※※	※※	※※		13	サッカー
6		1104M12	※※	※※	※※	※※		14	剣道
7		1105M16	※※	※※	※※	※※		15	バスケットボール
8		1106M13	※※	※※	※※	※※		16	テニス
9		1107M99	※※	※※	※※	※※		17	バレーボール
10		1108M12	※※	※※	※※	※※		21	吹奏楽
11		1109M14	※※	※※	※※	※※		22	美術
12		1110M12	※※	※※	※※	※※		23	ESS
13		1111M12	※※	※※	※※	※※		24	文芸
14		1112M11	※※	※※	※※	※※		25	パソコン
15		1113M17	※※	※※	※※	※※		26	写真
16		1114M26	※※	※※	※※	※※		99	無所属
⌇		⌇	⌇	⌇	⌇	⌇			
480		3438W22	※※	※※	※※	※※			
481		3439W21	※※	※※	※※	※※			
482		3440W99	※※	※※	※※	※※			

〈留意点〉

○ 「shiryou.xlsx」ファイル内の「シート1」にある表のうち，B列の「生徒コード」は，左端の1文字目は学年，2文字目はクラス，3・4文字目は出席番号，5文字目は性別(M：男子，W：女子)，6・7文字目は部活動区分(11：陸上，12：野球，13：サッカー，14：剣道，15：バスケットボール，16：テニス，17：バレーボール，21：吹奏楽，22：美術，23：ESS，24：文芸，25：パソコン，26：写真，99：無所属)を示している。

表2

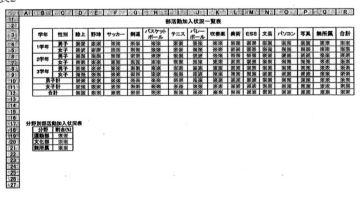

【課題4】

□次の図は，A高等学校の周辺地図をかいたものです。この図を参考
　に，図形処理ソフトウェアなどを利用して，A高等学校の周辺地図
　を作成し，課題2で作成したデスクトップ上の「29XX」フォルダに
　保存しなさい。

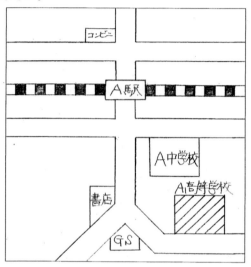

【課題5】

□次の図は，A高等学校の「平成28年度PTA企業・大学見学会」の案
　内文書を示したものです。この図を参考に，文書処理ソフトウェア
　等を利用して，A高等学校の「平成28年度PTA企業・大学見学会」
　の案内文書を完成し，課題2で作成したデスクトップ上の「29XX」
　フォルダに保存しなさい。

　　なお，作成に当たっては，配付しているCD①に保存されている
　「企業・大学見学会.docx」を活用しなさい。

平成 28 年 7 月 4 日

ＰＴＡ会員の皆様へ

広島県立Ａ高等学校長
Ｐ Ｔ Ａ 会 長

平成 28 年度ＰＴＡ企業・大学見学会の実施について（御案内）

　平素から，ＰＴＡ活動に御理解と御協力をいただき，厚くお礼を申し上げます。
　さて，本年度も企業・大学に関する最新の情報を得る目的で，次のとおり見学会を実施します。多くの保護者の方の御参加をいただきますようお願いいたします。
　つきましては，参加を希望する方は，参加申込書を 7 月 19 日（火）までに担任へ提出してください。
　なお，本校から訪問先までは，貸し切りバスで移動します。バスの経費につきましては，ＰＴＡ会計より支出いたします。

1　実施日時
　　8 月 18 日（木）　9:15　本校玄関前集合

2　訪問先
（1）Ｂ株式会社広島営業所
　　　見学，説明，講話（企業が求める人材像）など

（2）Ｃ大学
　　　学食での昼食，施設見学，説明など

3　行　　　程（予定）※歩きやすい靴で御参加ください。

| 本校 | → | Ｂ株式会社 | → | Ｃ大学 | → | 本校 |

9:15　　9:30　　　　　10:00　　11:30　　　12:30　　　　14:30　　　15:00
集合　　発　　　　　　着　　　発　（昼食時間含む）　着　　発　　　着・解散
（※交通事情により，時間を変更する場合があります。）

————————— 切り取り線 —————————
ＰＴＡ企業・大学見学会　参加申込書

　（　）年（　）組（　）番
　　　生 徒 氏 名（　　　　　　　　　　　　　）
　　　保護者氏名（　　　　　　　　　　　　　）

【課題6】
□次の構成図に従って，あとの条件を満たすＤ高等学校のWebページ

の一部を作成し，課題2で作成したデスクトップ上の「29XX」フォルダに保存しなさい。

〈構成図〉

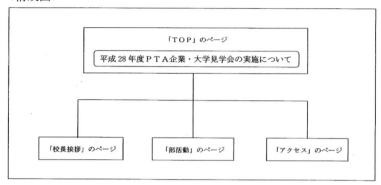

〈条件〉

○ 「TOP」・「校長挨拶」・「部活動」・「アクセス」の各ページには，CD②に保存されているデータを使用し，次のものを挿入すること。

　・「TOP」：文字及び写真

　・「校長挨拶」：文字

　・「部活動」：文字及び表

　・「アクセス」：文字及び地図

○ 「TOP」のページと「校長挨拶」・「部活動」・「アクセス」の各ページとを相互にリンクさせること。

○ 「平成28年度PTA企業・大学見学会の実施について」は，「TOP」のページからダウンロードできるように設定すること。

▼高校農業

【課題1】

□農業実習について，次の1・2の実技を行いなさい。なお，制限時間は20分とします。

1　サルビア，ポーチュラカ，マリーゴールドの苗を1つのプランター

に寄せ植えします。寄せ植えに際しては，プランターの形状に応じ
て，それぞれの苗から適正な株数を定め，寄せ植えしなさい。ただ
し，この場で灌水は行わないこととします。なお，寄せ植えが終了
したら試験官に報告しなさい。

2　次の(1)・(2)の実技を行いなさい。

(1)　pHメーターを使用し，準備された土壌pHを測定します。土壌pH
を測定するため，pHメーターの校正を行いなさい。なお，校正が終
了したら試験官に報告しなさい。

(2)　pHメーターを使用し，準備された試料溶液のpHを測定し，その
測定値を解答用紙に書きなさい。なお，測定が終了したら試験官に
報告しなさい。

【課題2】

□農業の実物鑑定について，次の1〜6に答えなさい。答えは，すべて
解答用紙に書きなさい。なお，制限時間は10分とします。

1　これらの野菜種子のうち，ウリ科野菜の種子はどれですか。その
記号を書きなさい。

2　この用土を何といいますか。その名称を書きなさい。また，この
用土の用途を簡潔に書きなさい。

3　この植物を何といいますか。その名称を書きなさい。また，この
草丈は何cmですか。草丈を測定し，その測定値を書きなさい。

4　この器具を何といいますか。その名称を書きなさい。

5　次のA・Bの病気の名称は何ですか。それぞれ書きなさい。

6　この果物の糖度はいくらですか。屈折糖度計を使用し，準備され
た果物の糖度を測定し，その測定値を書きなさい。

▼高校工業(機械)

【課題】

□次の図に示した設計図をもとに，普通旋盤と準備された工具等を使
用して，炭素鋼丸棒(S45C)を加工しなさい。ただし，指示のない面
取りはすべて糸面取り(C0.1〜0.3)とし，寸法公差が指定されていな

い場合の寸法公差は±0.3とします。なお，センタ穴は残っていても
よいこととします。

$\sqrt{}\overline{Ra6.3}$ （ $\sqrt{}\overline{Ra1.6}$ 　$\sqrt{}\overline{Ra25}$ ）

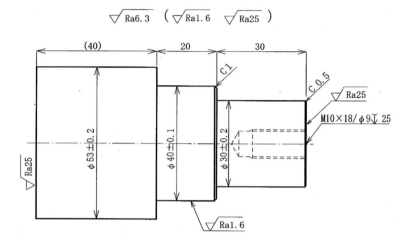

▼高校工業(電気)

【課題】

□次の図1に示す配線図をもとに，準備された材料を使用し，あとの
〈施工条件〉(1)～(7)に従って配線工事を完成させなさい。なお，図
2は配線用遮断器及び漏電遮断器代用の端子台説明図を示していま
す。また，準備された工具及び材料以外は，使用できないものとし
ます。ただし，━･━･━･━で示した部分は施工省略とします。

図1　配線図

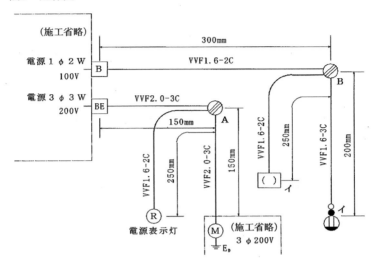

図2　配線用遮断器及び漏電遮断器代用の端子台説明図

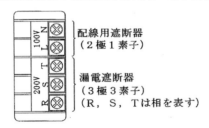

注:1　図記号は，原則としてJIS C 0303：2000に準拠し，作業に直接
　　関係ない部分は省略又は簡略化しています。

2　Ⓡはランプレセプタクルを示しています。

〈施工条件〉

(1)　配線及び器具の配置は，「図1　配線図」に従って行うこととしま
　　す。

(2)　配線用遮断器及び漏電遮断器代用の端子台は，「図2　配線用遮断
　　器及び漏電遮断器代用の端子台説明図」に従って使用することとし

ます。

(3) 三相電源のS相は接続されているものとし，電源表示灯は，R相とS相間に接続することとします。

(4) 電線の色別指定(ケーブルの場合は絶縁被覆の色)は，次のア〜エの条件によることとします。

ア　100V回路の電源からの接地側電線は，すべて白色を使用すること。

イ　100V回路の電源から点滅器及びコンセントまでの非接地側電線は，すべて黒色を使用すること。

ウ　200V回路の電源からの配線は，R相に赤色，S相に白色，T相に黒色を使用すること。

エ　次の(ア)〜(エ)の器具の端子には，白色の電線を結線すること。

(ア)　ランプレセプタクルの受金ねじ部の端子とすること。

(イ)　引掛シーリングローゼットの接地側極端子(Wと表示)とすること。

(ウ)　コンセントの接地側極端子(Wと表示)とすること。

(エ)　配線用遮断器(端子台)の記号Nの端子とすること。

(5) パイロットランプは，引掛シーリングローゼットと同時点滅させることとします。

(6) VVF用ジョイントボックス部分を経由する電線は，必ず接続点を設けることとし，接続方法は，次のア・イにより接続とすることとします。

ア　ジョイントボックスA部分での電線接続は，差込形コネクタによる接続とすること。

イ　ジョイントボックスB部分での電線接続は，リングスリーブによる終端接続とすること。

(7) ランプレセプタクルの台座及び引掛シーリングローゼットのケーブル引込口は欠かずに，下部(裏側)からケーブルを挿入することとします。

▼高校工業(建築)

【課題】

□次に示す図は，2階建て住宅の1階平面図，2階平面図及び断面図を示したものです。配置図兼1階平面図，2階屋根状図，南側立面図及び西側立面図を1：100の尺度で作成しなさい。その際，屋根の形状は，寄棟屋根とします。また，平面図には床仕上げ及び家具等，配置図には植栽等をそれぞれ配置しなさい。ただし，この住宅の敷地は東西方向13m，南北方向12mの長方形で，敷地の南側のみが幅員6mの道路に面しており，敷地内には駐車スペースを2台分とることとします。

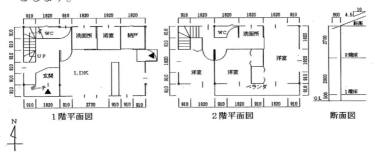

▼高校工業(土木)

【課題】

□下の図は，3つの測点A，B及びCの閉合トラバースを模式的に示しています。次の1〜5の手順で，準備された測量機器を使用して，3測点のトラバース測量を行いなさい。

1　3つの測点A，B及びCの内角と各測点間の距離をそれぞれ測定し，「表1　野帳」に書きなさい。なお，観測は，1対回で観測することとします。

2　1で得られたデータをもとに，方位角を計算し，「表2　方位角の計算書」に書きなさい。

3　1で得られたデータをもとに，平均距離を計算し，「表3　平均距離

の計算書」に書きなさい。

4 2及び3で求めた計算結果をもとに，合緯距・合経距を計算し，「表
4 合緯距・合経距の計算書」に書きなさい。

5 4で求めた計算結果をもとに，閉合誤差及び閉合比を計算し，「表5
閉合誤差・閉合比の計算書」に書きなさい。

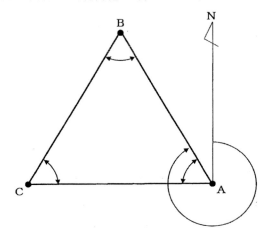

表1 野帳

測点	望遠鏡	視準点	観測角			測定距離 （m）		
A	正	N						
		B						
A	正	C						
		B						
	反	B						
		C						
B	正	A						
		C						
	反	C						
		A						
C	正	B						
		A						
	反	A						
		B						

表2　方位角の計算書

測点	望遠鏡	視準点	観測角	測定角	平均角	調整量	調整角	方位角
A	正	N			－	－	－	
		B						
A	正	C						ＡＢ
		B						
	反	B						
		C						
B	正	A						ＢＣ
		C						
	反	C						
		A						
C	正	B						ＣＡ
		A						
	反	A						
		B						
計	－	－	－	－				－

表3　平均距離の計算書

測線	測定距離 (m)	平均距離 (m)
ＡＢ		
ＢＣ		
ＣＡ		
計	－	

表4　合緯距・合経距の計算書

測線	距離 (m)	方位角	緯距L (m)	経距D (m)	調整量 (m) 緯距 ΔL	調整量 (m) 経距 ΔD	調整緯距 L' (m)	調整経距 D' (m)	測点	合緯距 x (m)	合経距 y (m)
AB									A	0.000	0.000
BC									B		
CA									C		
計		－									

表5 閉合誤差・閉合比の計算書

閉合誤差	閉合比
mm	————————

▼高校工業(化学工学)

【課題】

□次の1~3の手順に従い，準備された器具や薬品を使って，中和滴定を行い，水酸化ナトリウム溶液の濃度を標定しなさい。また，0.05mol/L の炭酸ナトリウム標準溶液，0.1mol/L 塩化水素溶液及び0.1mol/L 水酸化ナトリウム溶液の濃度をそれぞれ計算し，解答用紙に書きなさい。その際，計算式も書きなさい。なお，濃度の単位はmol/L とし，小数第4位を四捨五入しなさい。ただし，濃塩化水素溶液の濃度は12mol/L，原子量はH＝1.008，C＝12.011，O＝15.999，Na＝22.990 とします。

1　炭酸ナトリウムを秤量し，0.05mol/L の炭酸ナトリウム標準溶液を調製しなさい。その際，調製した0.05mol/L の炭酸ナトリウム標準溶液の濃度を求めなさい。

2　0.1mol/L の塩化水素溶液を調製しなさい。また，調製した0.05mol/L の炭酸ナトリウム溶液を標準溶液として用いて，0.1mol/L の塩化水素溶液で3回滴定し，0.1mol/L 塩化水素溶液の濃度を求めなさい。

3　0.1mol/L の水酸化ナトリウム溶液を調製しなさい。また，0.1mol/L の水酸化ナトリウム溶液を調製した0.1mol/L の塩化水素溶液を標準溶液として用いて，3回滴定し，水酸化ナトリウム溶液の濃度を求めなさい。

▼高校工業(インテリア)

【課題】

□木材加工，インテリアに関する製図のうち当日指示する課題

▼高校商業

【課題】

□下の資料は，A商店における平成○年4月1日(月)から平成○年4月5日(金)までの1週間(5営業日)の取引を示したものです。A商店は，五伝票制(入金伝票，出金伝票，振替伝票，仕入伝票，及び売上伝票)を採用しており，記入した伝票にもとづいて毎週金曜日に1週間(5営業日)分の取引記録をまとめて仕訳集計表を作成し，総勘定元帳に転記しています。この資料をもとに，次の(1)～(4)に答えなさい。

(1)　諸取引を各伝票に記入しなさい。なお，仕入・売上の各取引については，代金の決済条件にかかわらず，すべて，いったん掛け取引として処理する方法で起票している。

(2)　仕訳集計表を作成しなさい。

(3)　総勘定元帳に転記しなさい。なお，各勘定の摘要欄には，転記元の帳簿の名称を記入すること。

(4)　得意先元帳，仕入先元帳に記入しなさい。なお，各元帳の摘要欄には，記入元の伝票の名称を記入すること。

　4月1日　　B商店に商品￥300,000を売り上げ，代金は掛けとした。

　　〃日　　C商店から商品￥360,000を仕入れ，代金のうち￥100,000は現金で支払い，残額は掛けとした。

　　〃日　　D商店に対する買掛金￥250,000の支払いのため，得意先E商店あての為替手形を振り出し，同店の引き受けを得て，D商店に渡した。

　　〃日　　F商店に商品を注文し，内金として￥48,000を現金で支払った。

　　〃日　　かねてG商店から受け取っていた約束手形¥160,000を取り立

て，当座預金とした。

2日　小切手を振り出し，X銀行の当座預金から現金¥160,000を引き出した。

〃日　店舗用の家賃¥76,000をH不動産に現金で支払った。

〃日　4月1日にC商店から仕入れた商品のうち，¥20,000は，品違いのため返品し，買掛金から差し引くこととした。

〃日　D商店から商品¥280,000を仕入れ，代金は掛けとした。

〃日　I家具店から事務所用応接セット¥170,000を買い入れ，代金は月末払いとした。

〃日　J商店に商品¥240,000を売り上げ，代金のうち¥100,000は現金で受け取り，残額は掛けとした。

3日　E商店に商品¥230,000を売り上げ，代金は同店振り出しの小切手で受け取った。

〃日　B商店に対する売掛金¥250,000を現金で回収した。

〃日　G商店に商品¥270,000を売り上げ，代金のうち¥170,000は同店振り出しの小切手で受け取り，ただちに当座預金に預け入れ，残額は掛けとした。

〃日　K商店から商品¥300,000を仕入れ，代金のうち¥100,000は当店振り出しの小切手で支払い，残額は掛けとした。

〃日　さきに買い入れた事務用備品の代金¥135,000を，L事務用品店に現金で支払った。

4日　M社に依頼した広告宣伝に関する費用¥140,000のうち¥40,000は現金で支払い，残額は翌週払いとした。

〃日　F商店から商品¥192,000を仕入れ，代金のうち¥48,000は，すでに支払っていた内金を充当し，残額は掛けとした。

〃日　N商店から商品¥235,000を仕入れ，同店あての約束手形¥235,000を振り出して支払った。

〃日　P商店に対する貸付金¥200,000について，利息¥2,500とともに現金で受け取った。

〃日　4月3日にG商店に売り上げた商品のうち¥10,000は，品違い

のため返品され，売掛金から差し引くこととした。
5日　D商店に対する買掛金￥260,000を現金で支払った。
〃日　B商店に商品￥240,000を売り上げ，代金のうち￥80,000は，同店振り出しの約束手形で受け取り，残額は掛けとした。
〃日　取り立てを依頼していたE商店振り出しの約束手形￥140,000が，期日に当座預金に入金されたむね，取引銀行から通知を受けた。
〃日　F商店に対する買掛金の支払いとして，さきにG商店から受け取っていた約束手形￥170,000を裏書譲渡した。

▼高校看護
【課題】
□診療と看護のうち当日指示する課題

▼高校福祉
【課題】
□福祉科1年生を対象とした科目「生活支援技術」における車いすの介助の校内実習の時間です。車いすの点検を行いなさい。試験官1名を生徒に見立て，矢印に沿って，車いすによる移動の介助の示範を行いなさい。

▼養護教諭
【課題1】
□生徒が，昼休憩にグラウンドでサッカーをしていたところ，つまずいて，左肩から転倒しました。左肩に開放性の傷があります。ガーゼを1枚，三角巾を2枚使用して，患部に保護ガーゼを当て，固定しなさい。実技の時間は3分間とします。
【課題2】
□児童が，全校朝会の最中に突然意識を失い，その場にうつ伏せに倒れてしまいました。必要な観察や手当を行うため，仰臥位にする必

要があります。体位変換しなさい。実技の時間は3分間とします。
・時間内に終わりきることができない課題が設定される場合もあるため，手抜きができる箇所を適切に判断した上で，いかに丁寧に実施することができるかがカギだと思う。

◆個人面接A・B(2次試験)　面接官2人　25分
※個人面接を受験者1人につき2回実施
▼小学校全科
【質問内容】
□いままでで失敗してしまった経験はなにか。
□あなたを採用するメリットとはなにか。
□10年後はなにをしていると思うか。
□保護者からのクレームがきたとき，どう対応するか。
□音楽の授業でどのようにアクティブ・ラーニングを行うか。
□主体的な学びを経験したことはあるか。
□協力的な学びを経験したことはあるか。
□「開かれた学校」とはどういうものか。
→それを実現するために，あなたが行うことはなにか。
→児童に対する工夫はどんなものか。
□広島県の教員の特徴はどんなものか。
→その特徴から，自分が達成しているものとしていないものはなにか。
□教員の不祥事をなくすためにはどうすればよいか。
□担任したい学年はどれか。また，その理由はなにか。
□教育実習で学んだことはなにか。
→それを踏まえて今後はどう行動するか。
□クラスを担任したときの目標はどんなものか。
□いじめの問題をどう考えるか。
→児童をどうやって守るか。
□いじめのないクラスをつくるためにどんなことをするか。

・広島県と広島市の両方の取組みを予習しておきたい。
・回答を単に暗記するのではなく，練習を何度もして，自然に話せるようになっておきたい。

▼高校国語
【質問内容】
□志望するのは広島県と広島市のどちらか。
□広島の教育施策をふまえて，どのような教師を目指すか。具体的な例を用いて述べなさい。
□ストレス解消法はどんなものか。
※個人面接Ａではアンケートをもとに，個人面接Ｂでは出願時に提出した自己アピール文をもとに質問された。
・何を問われても，こうしたい，自分はこれを大事にしたい，という思いを伝えることが大切だと思う。

▼養護教諭
【質問内容】
□いままでで一番頑張った経験はなにか。
□いままでで一番わくわくした経験はなにか。
□部活で学んだことはなにか。
□耳鼻科検診で廊下で待っている最中，騒いでいる子どもがいる。それに対して医師が怒った場合，どう対応するか。
□あなたが小・中学生だった頃の養護教諭との心に残るエピソードはあるか。
□いじめや不登校への対応はどうするか。

◆模擬授業(2次試験)　面接官3人　受験者1人　45分(構想30分，実施15分)

※実際の場面を想定して，作成した学習指導案に基づき，導入から授業を行ってください。栄養教諭の受験者は，栄養教諭が授業を展開する部分の冒頭から授業を行ってください。

※模擬授業委員3名を児童生徒と想定してください。児童生徒役の模擬授業委員に質問したり，発表させたりすること，教室内を移動することは可能です。

※児童生徒役の模擬授業委員が，児童生徒の立場で，適宜，質問や発言をする場合もあります。

※黒板(チョーク)と定規類の使用は可能ですが，それ以外のものは使用しないでください。

▼小学校全科

【課題】

□3・4年生「俳句」

・児童役は，まじめに授業を受けるほかに，授業中に漫画を読んでいたり，居眠りや忘れ物をしていたりする場合がある。この場合には必ず対応すること。

▼高校国語

【課題】

□無名抄

※教科書のコピー1枚が配布される。

2016年度　面接実施問題

◆グループワーク(1次試験)　面接官1人　受験者7人　20分

※当日提示される課題について，小グループで活動を実施

配席図

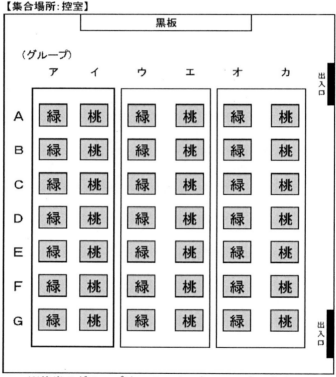

※後半のグループは，ア・イ・ウ・エ・オ・カを，
それぞれキ・ク・ケ・コ・サ・シとする。

試験場前の待機場所及び試験場内の配置

・廊下に待機場所を表示してある位置から図のように並んで待機。

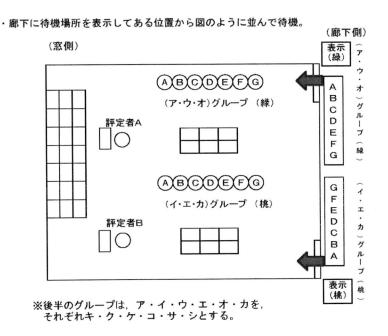

（窓側）

（廊下側）

※後半のグループは，ア・イ・ウ・エ・オ・カを，
それぞれキ・ク・ケ・コ・サ・シとする。

▼小学校，特支小学部，養護教諭

【テーマ】

□次の【場面設定】において，あとの【手順】に従って，演じる劇を
考え，グループ全員で登場人物になりきって実際に劇を演じてくだ
さい。

●前半組(ア，ウ，オ・グループ)

【場面設定】

□A小学校では，「みんなが気持ちよく生活できる学校にしよう。」を
目標に，児童会が中心となって様々な取組を進めています。先日の
児童会代表委員会において，図書委員会から「みんなが気持ちよく
本を借りたり，落ち着いて本を読んだりできる図書室にしたい。」
と提案がありました。

後日，図書委員会で話し合った結果，児童朝会において，次のことを低学年にも分かりやすいよう3分間の劇を通して伝えることになりました。

> 図書室で私語をしたり走り回ったりする状況があった。このことを良くしていくために，静かに座って本を読むことは，みんなが気持ちよく本を借りたり，落ち着いて本を読んだりできることにつながることを伝えたい。

●前半組(イ，エ，カ・グループ)

【場面設定】

□B小学校では，「地域から信頼される学校にしよう。」を目標に，児童会が中心となって様々な取組を進めています。先日の児童会代表委員会において，学級委員から「みんなが交通マナーを守り，登校時において地域の方々からあたたかく見守ってもらえるような学校にしたい。」と提案がありました。

後日，代表委員会で話し合った結果，児童朝会において，次のことを低学年にも分かりやすいよう3分間の劇を通して伝えることになりました。

> 登校班での登校において，歩道に広がったり，車道にはみ出したりする状況があった。このことを良くしていくために，班でまとまり一列で歩くことは，安全であるとともに，すれ違う地域の方々も歩きやすくなることにつながることを伝えたい。

●後半組(キ，ケ，サ・グループ)

【場面設定】

□C小学校では，「みんなが気持ちよく生活できる学校にしよう。」を目標に，児童会が中心となって様々な取組を進めています。先日の児童会代表委員会において，生活委員会から「廊下を歩く時のマナーを，みんなが守ることで，安心・安全な学校にしたい。」と提案

がありました。

　後日，生活委員会で話し合った結果，児童朝会において，次のことを低学年にも分かりやすいよう3分間の劇を通して伝えることになりました。

　廊下で走ったり，遊んだりして，掲示物が破れたり，展示してある児童の作品が落ちて壊れたりする状況があった。このことを良くしていくために，廊下を静かに歩いたり，廊下で遊んだりしないことは，安全であることや落ち着いた学校生活を送ることにつながるということを伝えたい。

●後半組(ク，コ，シ・グループ)

【場面設定】

□D小学校では，「みんなが気持ちよく生活できる学校にしよう。」を目標に，児童会が中心となって様々な取組を進めています。先日の児童会代表委員会において，保健委員会から「掃除時間に，みんながきちんと掃除を行うことで，校内にゴミのない，きれいな学校にしたい。」と提案がありました。

　後日，保健委員会で話し合った結果，児童朝会において，次のことを低学年にも分かりやすいよう3分間の劇を通して伝えることになりました。

　掃除時間に，遊んだり，何もしなかったりする状況があった。このことを良くしていくために，掃除をきちんとすることは，校内がきれいになるだけでなく，物を大切にしたり，学校で気持ちよく過ごしたりできることにつながるということを伝えたい。

【手順】

活動1：劇の構想(10分)

　低学年にも分かりやすく伝えることのできる劇の展開を考え，配役，動作，台詞等を決めてください。

活動2：劇の練習(7分)

　　グループ全員で劇の練習を行い，劇の展開，配役，動作，台詞等を確認したり，修正したりしてください。

※必要に応じてグループの机を動かしてもよい。

活動3：劇の実演(3分)

　　「劇の実演を始めてください。」の合図により，劇を演じてください。

▼中学校，高等学校，特支中・高学部

【テーマ】

□次の【場面設定】において，あとの【手順】に従って，演じる劇を考え，グループ全員で登場人物になりきって実際に劇を演じてください。

　　なお，場面設定における「中学校」を「高等学校」に置き換えてもよい。

●前半組(ア，ウ，オ・グループ)

【場面設定】

□A中学校では，「みんなが気持ちよく生活できる学校にしよう。」を目標に，生徒会が中心となって様々な取組を進めています。先日の生徒会代表委員会において，体育委員会から「グラウンドの使い方を考えることで，みんながもっと気持ちよくグラウンドを使用できるようにするとともに，生徒が自分の行動をしっかり考えることができる学校にしたい。」と提案がありました。

　　後日，体育委員会で話し合った結果，全校集会において，次のことを3分間の劇を通して伝えることになりました。

> 　　昼休憩や放課後に，サッカーボールを片付けなかったり，私物の用具を置いたままにしたりする状況があった。このことを改善していくために，自分の行動がどのようなことにつながるか考えることの大切さを伝えたい。

●前半組(イ，エ，カ・グループ)

【場面設定】

□B中学校では，「地域から信頼される学校にしよう。」を目標に，生徒会が中心となって様々な取組を進めています。先日の生徒会代表委員会において，学級委員から「みんなが登下校時のマナーに気を付けることで，地域の方々から信頼される学校にするとともに，生徒が自分の行動をしっかり考えることができる学校にしたい。」と提案がありました。

後日，代表委員会で話し合った結果，全校集会において，次のことを3分間の劇を通して伝えることになりました。

> 　　登下校において，自転車でスピードを出し過ぎたり，突然，道路を横切ったりして，交通事故につながる危険な状況があった。このことを改善するために，自分の行動がどのようなことにつながるか考えることの大切さを伝えたい。

●後半組(キ，ケ，サ・グループ)

【場面設定】

□C中学校では，「みんなが気持ちよく生活できる学校にしよう。」を目標に，生徒会が中心となって様々な取組を進めています。先日の生徒会代表委員会において，風紀委員会から「校内での生活態度に気を付けることで，安心・安全な学校にしたり，校内の風紀をよくしたりするとともに，生徒が自分の行動をしっかり考えることができる学校にしたい。」と提案がありました。

後日，風紀委員会で話し合った結果，全校集会において，次のことを3分間の劇を通して伝えることになりました。

> 　　廊下に座り込むことで通行の妨げになったり，廊下で遊ぶことで，掲示物や展示してある生徒の作品が破損したりする状況があった。このことを改善するために，自分の行動がどのようなことにつながるか考えることの大切さを伝えたい。

●後半組(ク，コ，シ・グループ)

【場面設定】

□D中学校では，「みんなが気持ちよく生活できる学校にしよう。」を
目標に，生徒会が中心となって様々な取組を進めています。先日の
生徒会代表委員会において，保健委員会から「掃除の態度を考え直
すことで，きれいな学校にしたり，気持ちよく過ごしたりできる学
校にするとともに，生徒が自分の行動をしっかり考えることができ
る学校にしたい。」と提案がありました。

　後日，保健委員会で話し合った結果，全校集会において，次のこ
とを3分間の劇を通して伝えることになりました。

> 　掃除時間に，遊んだり，何もしなかったりして，掃除がき
> ちんとできない状況があった。このことを改善するために，
> 自分の行動がどのようなことにつながるか考えることの大切
> さを伝えたい。

【手順】

活動1：劇の構想(10分)

　　今の状況を改善し，「自分の行動がどのようなことにつながるか
考えることの大切さ」を伝えることのできる劇の展開を考え，配役，
動作，台詞等を決めてください。

活動2：劇の練習(7分)

　　グループ全員で劇の練習を行い，劇の展開，配役，動作，台詞等
を確認したり，修正したりしてください。

※必要に応じてグループの机を動かしてもよい。

活動3：劇の実演(3分)

　　「劇の実演を始めてください。」の合図により，劇を演じてくださ
い。

◆実技試験(2次試験)

【課題】

▼小学校全科

【音楽課題1】

□オルガン演奏

　「バイエルピアノ教則本」の51番から103番までのうち一曲選択して演奏，楽譜は見てもよい。

【音楽課題2】

□ソプラノリコーダー演奏

　当日指示する曲から1曲選択し演奏。

〈前半組〉おぼろ月夜，春の小川

〈後半組〉まきばの朝，夕やけこやけ

【音楽課題3】

□歌唱

　当日指示する曲から1曲選択し歌唱

〈前半組〉とんび，茶つみ

〈後半組〉ふじ山，虫のこえ

【体育課題1】

□マット運動

マットの上で，次に示す①〜③の3つの技を連続して行いなさい。

①前転　②後転　③開脚前転

※試験官の指示により開始し，①→②→③の順に行うこと。なお，実技の回数は1回とする。

※実技は直立姿勢から始め，直立姿勢で終了すること。

※①で前方に回転した後，②でその場から後方に回転して戻り，③で再度前方に回転すること。

※体の一部がマットから出てもかまわない。

【体育課題2】

□バスケットボール

〈前半組〉

　次の図の★1又は★2の位置から，試験官に向かって，床に1度バウンドさせるバウンドパスを行いなさい。試験官が★1又は★2の位置にパスを返すので，ボールをキャッチしたら，ゴールに向かってドリブルシュートを行いなさい。

〈後半組〉

　次の図の★1又は★2の位置から，試験官に向かって，頭の上から両手で出すオーバーヘッドパスを行いなさい。試験官が★1又は★2の位置にパスを返すので，ボールをキャッチしたら，ゴールに向かってドリブルシュートを行いなさい。

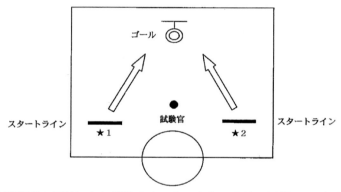

※試験官の指示により開始すること。なお，実技の回数は1回とする。
※ドリブルが中断した場合は，中断した位置に戻り，そこから続けてドリブルを行うこと。
※★1又は★2のどちらの位置から始めてもよい。
※体育実技のできる服装，運動靴(屋内用)，「バイエルピアノ教則本」の任意的の楽譜，ソプラノリコーダーを持参すること。
・音楽課題1・2では曲の難易度は評価には関わらないので，正確さと表現に気を付けたい。
・音楽課題1・2で用いる楽譜にはテンポしか書いておらず，強弱の指定がない。そのことから，強弱をどのようにつけるかを考慮しなが

ら実施するとよい。

・体育課題においては，種目についての説明が体育館内にはないことから，事前の1分間で実施内容を覚える必要がある。また，試験官は一度しか指示を行わないので，留意すること。

▼中高音楽

【課題1】

□ピアノ演奏

自作以外の任意の曲を暗譜で演奏

【課題2】

□自らのピアノ伴奏による歌唱(弾き歌い)

次の7曲の中から一曲選択し，暗譜で演奏

(1)「赤とんぼ」　　三木露風作詞　山田耕筰作曲

(2)「荒城の月」　　土井晩翠作詞　滝廉太郎作曲

(3)「早春賦」　　　吉丸一昌作詞　中田　章作曲

(4)「夏の思い出」　江間章子作詞　中田喜直作曲

(5)「花」　　　　　武島羽衣作詞　滝廉太郎作曲

(6)「花の街」　　　江間章子作詞　團伊玖磨作曲

(7)「浜辺の歌」　　林　古溪作詞　成田為三作曲

【課題3】

□箏による独奏

平調子で演奏できる自作以外の任意の曲(2〜3分程度)を暗譜で演奏

【課題4】

□視唱

〈中学〉

「コンコーネ50番」より17番を視唱(階名唱)しなさい。

〈高校〉

「コンコーネ50番」より15番を視唱(階名唱)しなさい。

※ピアノ演奏の任意曲の楽譜，箏曲独奏の任意的の楽譜，箏爪を持参すること。

▼中高美術

【課題1】

□次の1・2の制作上の条件に従って，「環境の保全」をテーマとした
　ポスターをデザインし，画用紙に表現しなさい。

1　文字は書かない。

2　描画材は，水彩画用具，ポスターカラーとし，画用紙全体に着彩する。

【課題2】

□制作した作品の表現意図及び表現の工夫を，解答用紙に書きなさい。

※実技のできる服装，水彩画用具一式，ポスターカラー又は水性アク
　リル絵の具，定規類(三角定規，20cm程度の直線定規)，新聞紙1枚
　(下敷き用)を持参すること。

▼中高保体

【課題1】

□器械運動(鉄棒運動)

1　け上がりを行いなさい。け上がりができない場合は，膝掛け振り
　上がりをしてもよいこととします。試技は1回とします。試技の前
　に一度練習を行うことができます。

2　後方支持回転を行いなさい。試技は1回とします。試技の前に一度
　練習を行うことができます。

【課題2】

□陸上競技(ハードル走)

　次の図の①又は②の位置から，スタンディングスタートでスタート
し，滑らかに3台のハードルを走り越しなさい。試技は1回とします。
試技の前に一度練習を行うことができます。

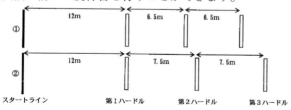

【課題3】

□水泳(クロール・平泳ぎ)

　水中からスタートし，クロールで25m泳ぎ，ターンをして，続けて平泳ぎで25m泳ぎなさい。試技は1回とします。

【課題4】

□球技

1　「ネット型　バレーボール」を行います。

　次の図に示す指定された位置から，サーブをA・Bのそれぞれのゾーンに2本ずつ打ちなさい。

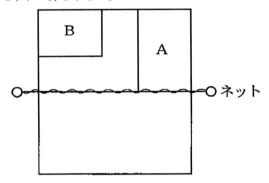

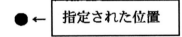

2　「ゴール型　バスケットボール」を行います。

　次の図の★1又は★2の位置から，カラーコーンをジグザグにドリブルを行い，正面のバスケットゴールにレイアップシュートをしなさい。

　試技は1回とします。ドリブルが中断した場合は，中断した位置に戻り，そこから続けてドリブルを行いなさい。

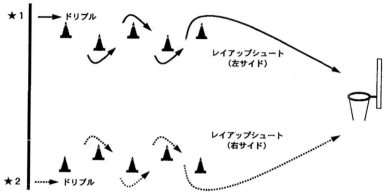

★1　→ドリブル

レイアップシュート
（左サイド）

レイアップシュート
（右サイド）

★2　┈┈▶ドリブル

スタートライン

【課題5】

□ダンス(創作ダンス)

次の要領でダンスを創作しなさい。

テーマ…パニック

試技回数…1回

試技時間…1分間

動く範囲…約5m×約5m

練習時間…1分

※実技のできる服装，運動靴(屋内用，屋外用)，水泳着を持参すること。

▼中高技術

【課題1】

□準備された部品と工具を用いて，電子回路を完成させなさい。

【課題2】

□準備された材料と工具を用いて，次の図に示す組みつぎを製作しなさい。なお，部品の厚さはすべて15mmとし，組みつぎの部分には，つぶしくぎによるくぎ接合を2箇所に行うこととします。

※準備されたもの以外は使用できないものとする。

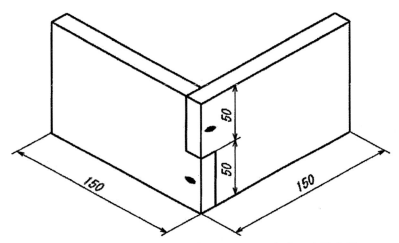

※実技のできる服装，定規類(三角定規，20cm程度の直線定規)，コンパス，ディバイダー，電卓(電卓機能のみのものに限る)を持参すること。

▼中高家庭

【調理課題】

□献立「ハンバーグステーキ」「にんじんのグラッセ」「クレープ」を調理し，盛り付け，提出しなさい。ただし，次の【条件】(1)〜(8)をすべて満たすこととします。

【条件】

(1)制限時間は50分とし，使用した器具の片付けは制限時間内に行うものとする。

(2)材料はすべて使用する。

(3)熱源は1人2口とする。

(4)材料の扱い方は，次の表の備考欄に示したとおりとする。

(5)次の表の備考欄に「計量」と示された材料については，各自で計量する。

(6)「ハンバーグステーキ」「にんじんのグラッセ」はそれぞれ1人分を

調理して，指示された場所に提出する。「クレープ」は，焼いたものを1枚，指示された場所に提出する。

(7)「にんじんのグラッセ」は，「ハンバーグステーキ」の付け合わせとして盛り付けをする。

(8)生ごみは，制限時間終了後に試験官の点検を受けて捨てる。

料理名	材料	分量（1人分）	備考
ハンバーグステーキ	あいびき肉	60 g	
	玉ねぎ	30 g	みじん切りにし，炒める。
	パン粉	5 g	
	牛乳	10ml	計量
	卵	6 g	卵を溶き，小さじ1$\frac{1}{2}$杯を使用する。
	塩	少々	
	こしょう	少々	
	サラダ油	適量	

料理名	材料	分量（1人分）	備考
にんじんのグラッセ	にんじん	50 g	シャトー型にし，面取りをして，下ゆでする。
	水	30ml	計量
	バター	5 g	
	塩	少々	
	砂糖	1 g	計量
	こしょう	少々	

料理名	材料	分量（2〜3枚分）	備考
クレープ	小麦粉	25 g	
	砂糖	8 g	計量
	卵	24 g	卵を溶き，大さじ2杯を使用する。
	バター	5 g	湯せんにかけて溶かす。
	牛乳	80ml	計量
	塩	少々	
	サラダ油	適量	

【被服課題】

□次の【デザイン図】を見て，ショートパンツの標本を製作しなさい。ただし，あとの【条件】(1)〜(12)をすべて満たすこととします。なお，縫う順序は問いません。

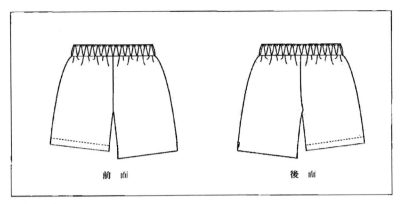

前 面　　　　　　　　　　　　後 面

【条件】

(1)　材料は次のものを使用する。

　　型紙2枚，布1枚，ゴムテープ1本，ミシン用糸(赤色)，手縫い用糸 (赤色)

(2)　型紙を布目の方向に合わせ，配置する。

(3)　縫いしろの分量をとって裁ち切り線のしるしをつける。

(4)　布を裁断する。

(5)　できあがり線のしるしをつける。

(6)　わきをミシンで縫う。左わきの縫いしろは袋縫いをする。右わき の縫いしろは後ろパンツ側に倒し，ふせ縫いをする。

(7)　また下をミシンで縫い，縫いしろを割る。

(8)　また上をミシンで縫う。縫い方は，同じ所を重ねて縫う二度縫い とする。

(9)　ウエストは，できあがり3cmの三つ折りにする。ゴムテープ通し 口を作り，ミシンで縫う。

(10)　ウエスト上端に0.2cmの端ミシンをかける。

(11)　右パンツのすそをできあがり2cmの三つ折りにし，ミシンで縫う。

(12)　ゴムテープを通す。ゴムテープは1cm重ねて縫い合わせる。

※実技のできる服装，定規(20cm程度の直線定規)を持参すること。

▼中学英語

※面接官2人(ALT，日本人)，20分で実施

【課題1】

□英文音読

カードに書かれた英文を黙読した後，音読を行う。

【課題2】

□英文に関する英問英答

※カードを見ながら回答することができる。

【課題3】

□個人に関する英問英答

〈質問例〉

「学校でALTと連携するにはどうすればよいか。」

「グローバル化についてどう思うか。」

「自分が力を付けたい4技能(聞く，話す，読む，書く)はどれか。また，それはどのようにして力を付けることができるか。」

・課題3では例年似たような質問がなされているため，過去問でしっかりと対策しておきたい。

▼高校書道

【課題1】

□資料1の書跡を臨書しなさい。用紙は，指定の半紙を縦向きに使いなさい。落款は入れないものとします。

【課題2】

□資料2の書跡を，二行に分けて臨書しなさい。用紙は，指定の半切(35cm×135cm)を縦向きに使いなさい。落款は入れないものとします。

【課題3】

□資料3の語句を使って，七字句の作品を作りなさい。用紙は，指定の半切(35cm×135cm)を縦向きに使いなさい。書体は行草体とします。落款は「広子書」と書き，姓名印の押印位置を赤色のペンで示

しなさい。

【課題4】

□資料4の書跡を臨書しなさい。用紙は，指定の紙を縦向きに使いなさい。落款は入れないものとします。

【課題5】

□資料5に示す文章を便せんに書きなさい。筆記具は，指定のペンを使いなさい。紙は指定の便せんを使い，縦書きで体裁よく書きなさい。

【課題6】

□資料6に示す作成例を参考に，「第40回全国高等学校総合文化祭2016ひろしま総文」に向けて，生徒の意識を高めることを目的とする校内掲示物を1点作成しなさい。「もみおん」(大会マスコットキャラクター)のセリフは大会を盛り上げる内容を各自が考えるものとします。紙は，指定の紙を使いなさい。(縦向き・横向きは自由)「もみおん」を任意の位置に貼り付け，吹き出しを作成してその中にセリフを毛筆で書きなさい。(縦書き・横書きは自由)

※受験番号と氏名は，鉛筆で左下隅に書きなさい。

資料1

元三　(「居延漢簡」による。)

資料2

剛毅不撓外建殊勲英明善斷内奏　（「大久保公神道碑」による。）

資料3

風林落葉秋聲動

資料4

つらゆき
わがせこがころもはる
さめふるごとにのべ
のみどりぞいうまさ
りける　（「寸松庵色紙」による。）

(「翰墨自在」による。)

資料5

　拝啓

　　爽やかな秋晴れの日が続いております。卒業後すっかりご無沙汰
しておりますが，先生にはお変わりなくお過ごしのことと思います。
私も，毎日元気に高校生活を送っておりますのでご安心ください。

　　さて，先日，友人たちと集まる機会をもちました。さまざまな思
い出話に花が咲き楽しいひとときを過ごすことができました。その
折，次は先生を囲んで同窓会を開きたいということになり，私が発
起人となって冬休みに企画することになりました。そこで，まずは
企画の趣旨をお伝えしたいと思い，お手紙を差しあげました。お忙
しいこととは存じますが，ぜひご出席していただきたく，ご都合の
よい日をお教えいただけましたら，みんなにも声をかけて旧交を温
めたいと思います。突然のお手紙で恐れ入りますが，何卒よろしく
お願いします。

　敬具

　平成二十七年　十月　一日

　太日　沙代

　安芸　清子　先生

資料6　〈作成例〉

※実技のできる服装，書道用具一式，直線定規を持参すること。

▼高校情報

【課題1】

□次の①〜③の条件でクライアントの設定をしなさい。なお，クライアントのadministratorのパスワードは「admin」です。また，IPアドレスの下線部1XXのXXは受験番号の下2桁とします。

①IPアドレス　192.168.1.<u>1XX</u>

②サブネットマスク　255.255.255.0

③デフォルトゲートウェイ　192.168.1.254

【課題2】

□ユーザ名「userXX」，パスワード「password」でログオンし，デスクトップ上に「28XX」という名前のフォルダを作成しなさい。なお，XXは受験番号の下2桁とします。

【課題3】

□配付しているCD①に保存されているshinro.xlsxファイル内の「シー

ト1」のデータは，A高等学校における昨年度の卒業生の進路状況を示したものです。このデータをもとに，関数やアプリケーションソフトウェアのデータ集計などの機能を利用して，次の図を参考に，表とグラフを「シート2」に作成し，【課題2】で作成したデスクトップ上の「28XX」フォルダに保存しなさい。

なお，作成に当たっては，下の留意点に留意しなさい。

※shinro.xlsxファイル内の「シート1」にある表のうち，B列の「進路コード」は左端の1文字目から4文字目までは生徒番号，5文字目は性別(M：男子，W：女子)，右端から2文字は進路区分(11：大学，12：短期大学，13：専門学校，14：就職，15：その他)を示している。

※図中の「※※」の部分は数値を示している。

【課題4】

□次の図は，A高等学校の周辺地図をかいたものです。この図をもとに，図形処理ソフトウェアなどを利用して，A高等学校の周辺地図を作成し，【課題2】で作成したデスクトップ上の「28XX」フォルダに保存しなさい。

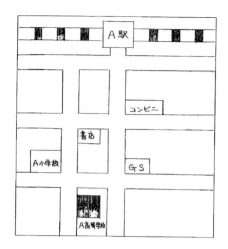

【課題5】

□次の図は，A高等学校の「平成27年度短期留学プログラム保護者説明会」の案内を示したものです。この図をもとに，文書処理ソフトウェア等を利用して，A高等学校の「平成27年度短期留学プログラム保護者説明会」の案内を完成し，【課題2】で作成したデスクップ上の「28XX」フォルダに保存しなさい。

　なお，作成に当たっては，CD①に保存されている「短期留学プログラム保護者説明会.docx」を活用しなさい。

平成 27 年 8 月〇日

保護者の皆様

A高等学校長

平成 27 年度短期留学プログラム保護者説明会の御案内

残暑の候，保護者の皆様におかれましては，益々御清祥のこととお慶び申し上げます。

本校の教育活動については，平素から御支援，御協力をいただき，厚くお礼を申し上げます。

この度本校では，短期留学プログラム保護者説明会を次のとおり開催することとしましたので，御参加くださいますよう御案内申し上げます。

参加の希望がある場合には，「参加申込書」に必要事項を記入の上，平成 27 年 9 月 14 日（月）までに学級担任に提出してください。

```
1  日   時   平成 27 年 9 月 26 日（土）  10:00〜12:00
2  場   所   A高等学校 多目的教室（本館 4 階）
             A市〇〇一丁目 1 番 1 号
             TEL （082）111-1111    FAX （082）111-2222
3  参加対象   短期留学を希望する生徒の保護者
4  短期留学プログラムの概要
  （1）留学先：米国
  （2）期  間：平成 27 年 12 月 19 日（土）〜12 月 28 日（月）
  （3）費  用：338,000 円
```

------------------------------ 切 り 取 り 線 ------------------------------

参 加 申 込 書

年・組・番	年　　　組　　　番
生 徒 氏 名	
保 護 者 氏 名	

【課題6】

□次の構成図に従って，あとの条件を満たすA高等学校のWebページの一部を作成し，【課題2】で作成したデスクトップ上の「28XX」フォルダに保存しなさい。

【構成図】

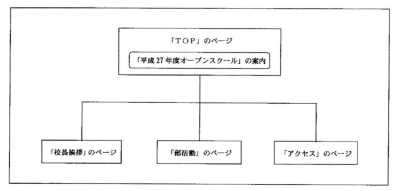

【条件】

○「TOP」・「校長挨拶」・「部活動」・「アクセス」の各ページには，CD②に保存されているデータを使用し，次のものを挿入すること。

・「TOP」：文字及び写真

・「校長挨拶」：文字

・「部活動」：文字及び表

・「アクセス」：文字及び地図

○「TOP」のページと「校長挨拶」・「部活動」・「アクセス」の各ページとを相互にリンクさせること。

○「『平成27年度オープンスクール』の案内」は，トップページからダウンロードできるように設定すること。

※電卓(電卓機能のみのものに限る)を持参すること。

▼高校農業

【課題1】

□農業実習について，次の1・2の実技を行いなさい。

1　ニチニチソウをプランターに鉢上げします。鉢上げに際しては，プランターのサイズに応じて適正な株数を鉢上げしなさい。ただし，この場で灌水は行わないこととします。また，鉢上げが終了したら

試験官に報告しなさい。なお，制限時間は10分とします。

2　次の(1)・(2)の実技を行いなさい。なお，制限時間は10分とします。

(1)ECメーターを使用し，準備された土壌のEC(電気伝導度)を測定します。土壌ECを測定するための水溶液を調整しなさい。なお，土壌と水(純水)の量は，用意された容器の容量を超えないように調整しなさい。また，調整が終了したら試験官に報告しなさい。

(2)ECメーターを使用し，準備された試料溶液のEC(電気伝導度)を測定し，その測定値を解答用紙に書きなさい。なお，測定が終了したら試験官に報告しなさい。

【課題2】

□農業の実物鑑定について，次の1～6に答えなさい。答えは，すべて解答用紙に書きなさい。なお，制限時間は10分とします。

1　これらの野菜種子のうち，キク科野菜の種子はどれですか。その記号を書きなさい。

2　これらの肥料のうち，リン酸肥料はどれですか。その記号を書きなさい。

3　この器具を何といいますか。その名称を書きなさい。また，この器具の用途を簡潔に書きなさい。

4　この器具を何といいますか。その名称を書きなさい。また，この器具の用途を簡潔に書きなさい。

5　このpFメーターの示す数値はいくらですか。書きなさい。その際，単位も書きなさい。

6　次のA・Bの病気の名称は何ですか。それぞれ書きなさい。

※実技のできる服装及び靴を持参すること。

▼高校工業(機械)

【課題】

□次の図に示した設計図をもとに，普通旋盤及び準備された工具類を使用して，炭素鋼丸棒(SS400)を段削りしなさい。ただし，指示のない面取りは，すべて糸面取り(C0.1～0.3)とし，寸法公差が指定され

ていない場合の寸法公差は，±0.3とします。なお，センタ穴は残っていてもよいこととします。

$$\sqrt{} \overline{\text{Ra6.3}} \quad (\; \sqrt{} \overline{\text{Ra1.6}} \;)$$

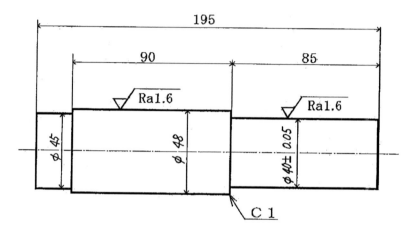

※高校工業受験者は，実技のできる服装，定規類(三角定規，20cm程度の直線定規，分度器，雲形定規)，コンパス，ディバイダー，シャープペンシル(芯の太さ0.3mm及び0.5mm)又はそれに相当する鉛筆，電卓(電卓機能のみのものに限る)を持参すること。

▼高校工業(電気)

【課題】

□次の図1に示す配線図をもとに，準備された材料を使用し，あとの施工条件(1)～(7)に従って配線工事を完成させなさい。なお，図2は自動点滅器代用の端子台説明図を示し，自動点滅器は図2の端子台で代用することとします。また，準備された工具及び材料以外は，使用できないものとします。

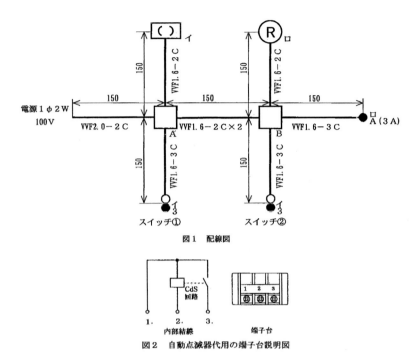

図1　配線図

図2　自動点滅器代用の端子台説明図

※図記号は，原則としてJIS　C　0303：2000に準拠し，作業に直接関係ない部分は省略又は簡略化しています。

※回路に示す電線の長さの単位は，すべて〔mm〕とします。

※Ⓡはランプレセプタクルを示しています。

〈施工条件〉

(1)配線及び器具の配置は，「図1　配線図」に従って行うこととします。

(2)自動点滅器代用の端子台は，「図2　自動点滅器代用の端子台説明図」に従って使用することとします。

(3)3路スイッチ及びパイロットランプの配線方法は，次のア・イの方法によることとします。

　ア　3路スイッチの記号「0」の端子には，電源側又は負荷側の電線を接続すること。

335

　　　イ　パイロットランプは，引掛シーリングローゼットと異時点滅さ
　　　　せること。
　(4)電線の色別指定(絶縁被覆の色)は，次のア〜ウの条件によることと
　　　します。
　　　ア　接地側電線は，すべて白色を使用すること。
　　　イ　電源から自動点滅器，スイッチ②及び端子台の1の端子に至る
　　　　非接地側電線は，すべて黒色を使用すること。
　　　ウ　次の(ア)・(イ)の器具には，白色の電線を結線すること。
　　　(ア)ランプレセプタクルの受金ねじ部の端子とすること。
　　　(イ)引掛シーリングローゼットの接地側極端子とすること。
　(5)ジョイントボックス(アウトレットボックス)内の電線は，必ず接続
　　　点を設けることとし，接続方法は，次のア・イにより終端接続とす
　　　ることとします。
　　　ア　ジョイントボックスA部分での電線接続は，リングスリーブに
　　　　より圧着接続とすること。
　　　イ　ジョイントボックスB部分での電線接続は，差込形コネクタに
　　　　より接続すること。
　(6)ジョイントボックス(アウトレットボックス)は，打抜き済み穴だけ
　　　を使用することとします。
　(7)ランプレセプタクルの台座及び引掛シーリングローゼットのケーブ
　　　ル引込口は欠かずに，下部(裏側)からケーブルを挿入することとし
　　　ます。

▼高校工業(建設)
【課題】
□次の製作図をもとに，準備された木工道具を使用して，準備された
　杉材をT形三枚接ぎの仕口に加工しなさい。なお，加工に必要な下
　書き線及び罫書きをすべてかき，消さずに残しなさい。

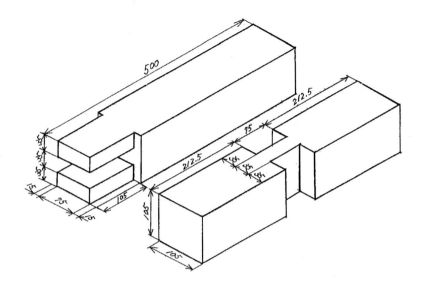

▼高校工業(化学工学)

【課題1】

□次の1〜4の手順に従い，準備された器具や薬品を使って，試料水の
EDTA標準溶液による滴定を行い，その測定結果を解答用紙に書き
なさい。また，この測定値を使って，全硬度及びカルシウム硬度を
それぞれ求め，解答用紙に書きなさい。その際，計算式も書きなさ
い。なお，小数第1位を四捨五入しなさい。ただし，原子量は，H＝
1.008，C＝12.011，N＝14.007，O＝15.999，Na＝22.990，Ca＝
40.078とします。

1　妨害物質を含まない試料水を10倍に希釈しなさい。

2　エチレンジアミン四酢酸二ナトリウム塩二水和物($Na_2H_{14}C_{10}O_8N_2$・
$2H_2O$)を約3.7g秤量し，0.01mol/lのEDTA標準溶液を調製しなさい。

3　全硬度を求めるため，試料水のpHをpH10緩衝溶液を用いて調節し，
EDTA標準溶液を用いて3回滴定し，その平均値を求めなさい。

4　カルシウム硬度を求めるため，試料水のpHをpH12緩衝溶液を用い

て調節し，EDTA標準溶液を用いて3回滴定し，その平均値を求めな
さい。

【課題2】

□【課題1】の結果からマグネシウム硬度を求め，解答用紙に書きなさ
い。その際計算式も書きなさい。なお，小数第1位を四捨五入しな
さい。

▼高校工業(インテリア)

【課題】

□準備された木工道具を使用して，次の図の木工品を加工しなさい。
なお，加工に必要な下書き線を含めてすべてかき，消さずに残しな
さい。

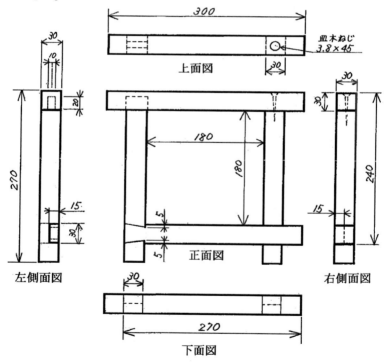

※定規類(三角定規，20cm程度の直線定規，雲形定規)，コンパス，ディバイダー，電卓(電卓機能のみのものに限る)を持参すること。

▼高校商業

【課題】

□下の資料1～3は，A物産株式会社の第7期(平成26年1月1日から平成26年12月31日まで)の総勘定元帳残高，期末修正事項，決算整理事項を示したものです。これらの資料をもとに，次の(1)～(3)に答えなさい。なお，資料1の(a)及び(b)の金額は推定すること。

(1)損益計算書を作成しなさい。

(2)貸借対照表を作成しなさい。

(3)繰越利益剰余金勘定に記入して締め切りなさい。

資料1〔総勘定元帳残高〕〔単位：円〕

現 金 預 金	1,060,000	受 取 手 形	1,655,000	売 掛 金	2,095,000
売買目的有価証券	(a)	繰 越 商 品	1,050,000	仮 払 金	1,000,000
仮払法人税等	900,000	未 決 算	3,200,000	建 物	10,000,000
備 品	3,000,000	土 地	25,500,000	社 債 発 行 費	780,000
支 払 手 形	655,000	買 掛 金	1,440,000	社 債	9,600,000
貸 倒 引 当 金	60,000	建物減価償却累 計 額	3,600,000	備品減価償却累 計 額	1,080,000
退職給付引当金	4,250,000	資 本 金	(b)	資 本 準 備 金	2,100,000
利 益 準 備 金	1,250,000	別 途 積 立 金	900,000	繰越利益剰余金	350,000
売 上	49,305,000	受 取 地 代	75,000	受 取 配 当 金	125,000
仕 入	37,615,000	給 料	3,840,000	広 告 宣 伝 費	2,105,000
保 険 料	860,000	消 耗 品 費	330,000		

資料2〔期末修正事項〕

1　仮払金¥1,000,000は，定年退職した従業員の退職金を支払った際に計上したものである。なお，当期中にこの従業員に対する退職給付費用は発生していない。

2　未決算は，地震によって建物に生じた損失分について，保険会社

339

に請求したことにより生じたものである。決算にあたって，請求額のうち¥3,000,000が当座預金に振り込まれていることが判明した。残額は災害損失として処理することとした。

3　広告宣伝費の支払いのため振り出した小切手¥270,000が，金庫に保管されたまま未渡しとなっていることが判明した。

資料3〔決算整理事項〕

1　売上債権の期末残高に対して4%の貸倒引当金を差額補充法によって計上する。

2　期末商品棚卸高は次のとおりである。なお，商品評価損と棚卸減耗費は売上原価の内訳科目とする。

　　帳簿棚卸数量　　1,350個　　　原価　　@¥1,000

　　実地棚卸数量　　1,200個　　　正味売却価格　　@¥950

3　売買目的有価証券の内訳は次のとおりである。決算にあたり時価で評価する。

	帳簿価額	時価
B社株式	¥1,175,000	¥1,055,000
C社株式	¥2,175,000	¥2,470,000
D社社債	¥1,450,000	¥1,395,000

4　固定資産の減価償却を次のとおり行う。

　　建物：定額法：耐用年数30年

　　　　残存価額　取得原価の10%

　　備品：定率法：償却率20%

5　社債(額面総額：¥10,000,000　期間：5年　利率年4.5%　利払日：3月と9月の末日の年2回)は，本年10月1日に額面¥100につき¥96で発行したものである。償却原価法(定額法)を適用して月割計算によって評価替えを行う。また，社債発行費はこの社債を発行した際に計上したものである。決算にあたって，繰延資産として処理することとし，社債の償還期間にわたって定額法(月割計算)により償却する。

6　地代の未収分¥15,000を計上する。

7　退職給付引当金への当期繰入額は¥230,000である。

8　保険料のうち¥720,000は平成26年8月1日に向こう3年分を支払った
　　ものである。

9　社債利息の未払分を計上する。

10　消耗品の未消費分は¥65,500である。

11　税引前当期純利益の40%を法人税等に計上する。

(1)

損　益　計　算　書

自平成26年1月1日　　至平成26年12月31日　　〔単位:円〕

Ⅰ	売　　上　　高		（　　　　　）
Ⅱ	売　上　原　価		
1.	期首商品棚卸高	（　　　　　）	
2.	当期商品仕入高	（　　　　　）	
	合　　　計	（　　　　　）	
3.	期末商品棚卸高	（　　　　　）	
		（　　　　　）	
4.	（　　　　　）	（　　　　　）	
5.	（　　　　　）	（　　　　　）	（　　　　　）
	（　　　　　）		（　　　　　）
Ⅲ	販売費及び一般管理費		
1.	給　　　料	（　　　　　）	
2.	広　告　宣　伝　費	（　　　　　）	
3.	保　　険　　料	（　　　　　）	
4.	消　耗　品　費	（　　　　　）	
5.	貸倒引当金繰入	（　　　　　）	
6.	減　価　償　却　費	（　　　　　）	
7.	（　　　　　）	（　　　　　）	（　　　　　）
	（　　　　　）		（　　　　　）
Ⅳ	営　業　外　収　益		
1.	受　取　地　代	（　　　　　）	
2.	受　取　配　当　金	（　　　　　）	
3.	（　　　　　）	（　　　　　）	（　　　　　）
Ⅴ	営　業　外　費　用		
1.	（　　　　　）	（　　　　　）	
2.	社債発行費償却	（　　　　　）	（　　　　　）
	（　　　　　）		（　　　　　）
Ⅵ	特　別　損　失		
1.	（　　　　　）		（　　　　　）
	税引前当期純利益		（　　　　　）
	法　人　税　等		（　　　　　）
	（　　　　　）		（　　　　　）

(2)

貸　借　対　照　表
平成 26 年 12 月 31 日　　　　　〔単位：円〕
資　産　の　部

Ⅰ　　流　動　資　産
　1.　現　金　預　金　　　　　　　　　　　　　（　　　　　　　）
　2.　受　取　手　形　　　（　　　　　　　）　（　　　　　　　）
　　　　貸　倒　引　当　金　（　　　　　　　）　（　　　　　　　）
　3.　売　　掛　　金　　　（　　　　　　　）
　　　　貸　倒　引　当　金　（　　　　　　　）　（　　　　　　　）
　4.　有　価　証　券　　　　　　　　　　　　　（　　　　　　　）
　5.　（　　　　　　　）　　　　　　　　　　　（　　　　　　　）
　6.　消　　耗　　品　　　　　　　　　　　　　（　　　　　　　）
　7.　未　収　収　益　　　　　　　　　　　　　（　　　　　　　）
　8.　（　　　　　　　）　　　　　　　　　　　（　　　　　　　）
　　　　流　動　資　産　合　計　　　　　　　　（　　　　　　　）
Ⅱ　　固　定　資　産
　1.　建　　　　　物　　　（　　　　　　　）
　　　　減価償却累計額　　　（　　　　　　　）　（　　　　　　　）
　2.　備　　　　　品　　　（　　　　　　　）
　　　　減価償却累計額　　　（　　　　　　　）　（　　　　　　　）
　3.　土　　　　　地　　　　　　　　　　　　　（　　　　　　　）
　4.　（　　　　　　　）　　　　　　　　　　　（　　　　　　　）
　　　　固　定　資　産　合　計　　　　　　　　（　　　　　　　）
Ⅲ　　繰　延　資　産
　1.　（　　　　　　　）　　　　　　　　　　　（　　　　　　　）
　　　　繰　延　資　産　合　計　　　　　　　　（　　　　　　　）
　　　　資　　産　　合　　計　　　　　　　　　（　　　　　　　）

負　債　の　部

Ⅰ　　流　動　負　債
　1.　支　払　手　形　　　　　　　　　　　　　（　　　　　　　）
　2.　（　　　　　　　）　　　　　　　　　　　（　　　　　　　）
　3.　未　払　法　人　税　等　　　　　　　　　（　　　　　　　）
　4.　未　　払　　金　　　　　　　　　　　　　（　　　　　　　）
　5.　（　　　　　　　）　　　　　　　　　　　（　　　　　　　）
　　　　流　動　負　債　合　計　　　　　　　　（　　　　　　　）
Ⅱ　　固　定　負　債
　1.　（　　　　　　　）　　　　　　　　　　　（　　　　　　　）
　2.　退　職　給　付　引　当　金　　　　　　　（　　　　　　　）
　　　　固　定　負　債　合　計　　　　　　　　（　　　　　　　）
　　　　負　　債　　合　　計　　　　　　　　　（　　　　　　　）

342

(3)

※そろばん又は電卓(電卓機能のみのものに限る), 定規類(三角定規
20cm程の直線定規), 赤ボールペンを持参すること。

▼高校看護

【課題】

□メチシリン耐性黄色ブドウ球菌に感染している患者を隔離した病室
　に入室して, 患者の援助を行い, 病室を退室することとします。病
　室への入室から退室までの過程における看護技術を実施しなさい。
　なお, 患者の援助については, 患者に触れることで援助が終了した
　こととみなします。

▼高校福祉

【課題】

□次の事例の障害者に対して, 談話室から食堂への移動の介助, 及び
　食事の介助をしなさい。なお, 食事については, 準備された献立6
　品すべてを食することとします。また, 1品の食事については, 障

害者が食器に盛られた食物を口に1回運ぶ行為で，終了したことと
みなします。
【事例】
　Aさんは，70歳の女性です。緑内障により65歳から両眼の中途失明
となった視覚障害者で，施設に入所しています。普段，日中は，談話
室で過ごし，食事の際は食堂まで一部介助により移動します。食事を
する行為については，適切な言葉かけにより，自力摂取できます。視
覚障害以外の問題はなく，コミュニケーションを図る上で支障はあり
ません。

▼養護教諭
【課題1】
□中学校第1学年の男子生徒が，グラウンドでハードルの練習をして
　いたところ，ハードルに足がかかり肩から転倒しました。右鎖骨上
　に限局性圧痛があり，鎖骨骨折の疑いがあります。三角巾を2枚使
　用して，患部の固定をしなさい。実技の時間は3分間とします。
【課題2】
□児童が階段の下で仰向けになり倒れています。この児童の生命の徴
　候を確認し，救急隊が到着するまでの間，児童を毛布で保温しなさ
　い。実技の時間は3分間とします。
※実技のできる服装を持参すること。

◆個人面接A(2次試験)　面接官2人　25分
　※個人面接を受験者1人につき2回実施
　▼小学校全科
【質問内容】
□教育実習で学んだことを3つ挙げなさい。
□保護者と教師が連絡をとることについてどう思うか。
□教育に活かせる特技はあるか。

□学校での不祥事はなぜ起きるのか。また，どのようにすれば減らせるか。

□自身が起こす可能性のある不祥事はなにか。

□県と市の違いはなにか。

□広島県が進んで取り組んでいることはなにか。

□是正指導とは具体的になにか。また，これにはどのような背景があるか。

□学生時代の担任の先生の真似たい箇所を3つ挙げなさい。

□教員となったとき，人との関わりで気をつけたいことはなにか。

□いじめはなぜ起きるのか。また，どのように対応するか。

□生徒に学習習慣を身に付けさせるためにはどうするか。

□生徒の学習意欲を高めるためにはどうするか。

□生徒の学習規律の意識を高めるためにどうするか。

▼小学校全科

【質問内容】

□集団を教える上で大切なこととはなにか。

□新学期において，児童に伝えたいことはなにか。

□クラスの目標はなににしたいか。

□保護者に納得してもらえるよう，学級目標を話しなさい。

□あなたが教員になる上で大切にしたいことはなにか。

□どの教科の指導に自信があるか。

□苦手な教科はどのように指導するか。

□あなたの卒論の内容について説明しなさい。また，今後どのように活かせるか。

・自然体でハキハキと，簡潔に答えたい。

▼中学社会

【質問内容】

□アクティブラーニングにおける道徳実践の可能性について，どう考

345

えるか。

□成績が悪い生徒に対して，どのように対応するか。

▼中学英語

【質問内容】

□人間関係において困ったことはあるか。

□多少厳しく指導するために体罰を用いることについて，どう考えるか。

□生徒に何かあった際，すぐ対応できるようにメールアドレスなどの連絡先を教えることについて，どう考えるか。

□いじめをしたことや見たことはあるか。また，その時にあなたがとった行動とはどのようなものか。

□いじめ防止対策推進法第2条を説明しなさい。

◆模擬授業(2次試験)　面接官3人　45分(構想30分，実施15分)

※実際の場面を想定して，作成した学習指導案に基づき，導入から授業を行ってください。

※模擬授業委員3名を児童生徒と想定してください。児童生徒役の模擬授業委員に質問をしたり発表させたりすること，教室内を移動することは可能です。

※児童生徒役の模擬授業委員が，児童生徒の立場で，適宜，質問や発言をする場合もあります。

※黒板(チョーク)と定規類の使用は可能ですが，それ以外のものは使用しないでください。

▼小学校全科

【課題】

□5・6学年国語：詩「水平線」(小泉周二)

□5・6学年国語：詩「イナゴ」(まど・みちお)

□5・6学年国語：詩「はしる電車の中で」(まど・みちお)

□5・6学年国語：詩「大地」

※3人の面接官はそれぞれ，積極的に意見を言う子，普通の子，意見を言わない子を演じた。

※面接官が演じる児童役は，全体的に素直な児童という印象で，問題行動をする者はいなかった。

※板書計画や児童に発言してほしい内容を指導案に書いておくと，児童役の試験官がそれに沿った発言をしてくれることがある。

・板書においては，緊張すると文字が曲がったり，大きさがばらばらになったりしてしまうので，練習を充分にした方がよいと思う。

・板書計画は，内容が進むにつれてどのように書くか迷ってしまうため，必ず立てておくべきだと思う。30分間のうち15分で書き上げ，残りで板書計画と発問の仕方を考えるとよい。

▼中学社会

【課題】

□義和団事件，東アジアへ進出する欧米諸国。

※教科書のコピー(1枚)を参考に，定められた形式に従って指導案を作成する。

・生徒とのコミュニケーションに気を付けた授業をしたい。

▼中学英語

【課題】

□不定詞(to 動詞原形)

※small talk(雑談)を行っている際に，生徒から英単語の質問をされる(例「塾を英語で何と言うか」)。

※生徒は，授業中「英語が分からない」と訴えたり，他の生徒の発言に絡んだりした。

・オールイングリッシュの授業を行うことが推奨されていることを踏まえて，模擬授業もオールイングリッシュで行いたい。しかし，生徒から不満の声があがった際は，臨機応変に日本語も交えて授業を

してもよいと思う。
・生徒が授業に関係ないことを発言したとしても，それを切り捨てるのではなく，うまく授業の内容へと導きたい。

◆個人面接B(2次試験)　面接官2人　25分
　▼小学校全科
【質問内容】
□教員の魅力とはなにか。
□教員採用試験に向けてどのような勉強をしてきたか。
□勉強した主な教科はなにか。
□あなたは最近ストレスを感じたか。
□あなたのストレス解消法はなにか。
□「児童生徒が成長するには厳しい対応が必要だ」と言われた。あなたはどう思うか。
□「児童生徒をほめるにはハグが一番」と言われた。あなたはどう思うか。
・退出後も見られていると思う。目があった際には，軽く会釈すると印象がよくなるだろう。

　▼中学英語
【質問内容】
□面接対策ではどのような質問や答えを考えたか。また，どのような練習をしたか。
□どのような学級をつくりたいか。また，そのために必要なこととはなにか。
□教育場面に貢献できる自身の強みとはなにか。

●書籍内容の訂正等について

　弊社では教員採用試験対策シリーズ（参考書，過去問，全国まるごと過去問題集），公務員試験対策シリーズ，公立幼稚園・保育士試験対策シリーズ，会社別就職試験対策シリーズについて，正誤表をホームページ（https://www.kyodo-s.jp）に掲載いたします。内容に訂正等，疑問点がございましたら，まずホームページをご確認ください。もし，正誤表に掲載されていない訂正等，疑問点がございましたら，下記項目をご記入の上，以下の送付先までお送りいただくようお願いいたします。

> ① **書籍名，都道府県（学校）名，年度**
> 　（例：教員採用試験過去問シリーズ　小学校教諭 過去問　2025年度版）
> ② **ページ数**（書籍に記載されているページ数をご記入ください。）
> ③ **訂正等，疑問点**（内容は具体的にご記入ください。）
> 　（例：問題文では"ア～オの中から選べ"とあるが，選択肢はエまでしかない）

〔ご注意〕
○ 電話での質問や相談等につきましては，受付けておりません。ご注意ください。
○ 正誤表の更新は適宜行います。
○ いただいた疑問点につきましては，当社編集制作部で検討の上，正誤表への反映を決定させていただきます（個別回答は，原則行いませんのであしからずご了承ください）。

●情報提供のお願い

　協同教育研究会では，これから教員採用試験を受験される方々に，より正確な問題を，より多くご提供できるよう情報の収集を行っております。つきましては，教員採用試験に関する次の項目の情報を，以下の送付先までお送りいただけますと幸いでございます。お送りいただきました方には謝礼を差し上げます。
（情報量があまりに少ない場合は，謝礼をご用意できかねる場合があります）。
◆あなたの受験された面接試験，論作文試験の実施方法や質問内容
◆教員採用試験の受験体験記

| 送付先 | ○電子メール：edit@kyodo-s.jp
○FAX：03-3233-1233（協同出版株式会社　編集制作部 行）
○郵送：〒101-0054　東京都千代田区神田錦町2-5
　　　　　協同出版株式会社　編集制作部 行
○HP：https://kyodo-s.jp/provision（右記のQRコードからもアクセスできます） | |

　※謝礼をお送りする関係から，いずれの方法でお送りいただく際にも，「お名前」「ご住所」は，必ず明記いただきますよう，よろしくお願い申し上げます。

教員採用試験「過去問」シリーズ

広島県・広島市の
面接 過去問

編　集	ⓒ 協同教育研究会
発　行	令和6年1月10日
発行者	小貫　輝雄
発行所	協同出版株式会社
	〒101-0054　東京都千代田区神田錦町2‐5
	電話　03－3295－1341
	振替　東京00190－4－94061
印刷所	協同出版・POD工場

落丁・乱丁はお取り替えいたします。